⊗⊗⊗

창덕궁 후원에
매화꽃 피고 지고

⊗⊗⊗

한시로 쓴
창덕궁 이야기

창덕궁 후원에
매화꽃 피고 지고

花開花謝

글·사진 김범중

생각나눔

〈乍晴乍雨〉 사청사우 김시습(1435~1493)

잠깐 개었다 다시 비 오다 또 개누나

천도도 그러하거니 하물며 세상의 인정이겠는가.

나를 칭찬하는가 하면 어느새 나를 헐뜯고

이름을 피하는가 하면 문득 이름을 구한다.

꽃이 피고 꽃이 지는 걸 봄이 어찌 관장하리

구름이 가고 구름이 와도 산은 다투지 않는다.

세상 사람들에게 말하노니 모쪼록 기억하라

즐거움을 취할 곳은 평생토록 없다는 것을.

乍晴還雨雨還晴, 사청환우우환청,

天道猶然況世情. 천도유연황세정.

譽我便應還毁我, 예아편응환훼아,

逃名却自爲求名. 도명각자위구명.

花開花謝春何管, 화개화사춘하관,

雲去雲來山不爭. 운거운래산부쟁.

奇語世人須記認, 기어세인수기인,

取歡無處得平生. 취환무처득평생.

목 차

1.

머리말

궁궐은 임금이 정사(政事)를 돌보는 관청이자 왕족이 거주하는 생활공간이었다. 1392년 태조 이성계에 의해 세워진 조선왕조는 수도를 한양, 오늘의 서울로 정하고 518년간 왕조를 유지하며 6개의 궁궐을 지었다. 그중 경복궁(景福宮), 창덕궁(昌德宮), 창경궁(昌慶宮), 경희궁(慶熙宮), 덕수궁(德壽宮) 등이 현재 서울에 남아있다.

경복궁이 1395년(태조 4년)에 지어졌고, 이어 태종 때 창덕궁, 성종 때 창경궁, 광해군 때 경희궁 (慶德宮) 등이 차례로 지어졌다. 덕수궁은 당초 월산대군(月山大君)의 사저였는데, 임진왜란 후 선조(宣祖)의 임시 거처로 사용되다 1907년 순종 대에 이르러 덕수궁이라 부르게 되었다. 이 가운데 가장 먼저 지어진 경복궁이 법궁(法宮)의 지위를 가졌다. 그러나 조선왕조 500여 년간 실질적인 법궁 역할을 한 궁궐은 창덕궁이었으며, 개국 이후 굵직한 정치적 사건은 대부분 창덕궁에서 일어났다.

창덕궁은 북악산에서 뻗어 내린 응봉 자락의 지세에 맞추어 지어졌으므로 자연과 조화를 이룬 궁궐의 아름다움을 자랑한다. 특히 후원은 인공미를 최소화하고 자연미를 살리면서 계곡마다 정자와 연못을 배치하여 자연의 조화와 정취를 간직하고 있다. 각 정자와 연못에는 선조의 얼이 배어있고, 연못가 정자에서 임금과 신하가 우의를 다지며 풍류를 즐기기도 했다. 숙종은 상림 10경이라 하여 후원을 배경으로 시를 지었으며, 이어 정조와 순조도 후원의 풍광을 읊은 시를 지었다.

다음은 정조가 지은 상림 10경 중 「어수범주(魚水泛舟)」이다.

〈魚水泛舟〉 어수범주　정조(1752~1800)

물은 따뜻하고 물고기 숨은 물가 햇살도 한가한데
붉은 닻줄 거두지 않고 연주를 놓았네.
미가의 서화를 산처럼 싣고 다닌다면
넉넉히 봄바람에 한만하게 노닐 수 있으리

水暖魚潛渚日悠, 不收紅纜放蓮舟. 수난어잠저일유, 불수홍람방연주.
米家書畫如山載, 贏得春風汗漫遊. 미가서화여산재, 영득춘풍한만유.

조선 시대 국왕은 한 나라를 통치하는 공적 주체이자 왕실의 가장이며, 최상의 지식인이었으므로 국가 통치라는 공적 활동을 하며 문예활동을 병행한 임금이 많았다. 특히 성종, 연산군, 선조, 숙종, 영조, 정조, 순조 대에 임금의 창작 활동이 활발해 문집을 발간하기도 했는데, 대표적인 임금이 정조이다. 조선 시대 임금은 세자 시절 제왕학을 공부하면서 작시법도 체계적으로 학습했으리라고 생각된다. 임금의 문학작품은 시 부문에 많은데, 자연경관을 읊은 한시가 많다. 후원의 자연과 조화를 이룬 빼어난 경관이 감수성 깊은 임금의 시상을 자극했을 것으로 생각된다.

필자는 10여 년간 창경궁 직원으로 근무하며 지난해 한시집 『춘당사계(春塘四季)』를 출간했다. 창경궁과 인접한 창덕궁의 자연과 사연에 매료되어, 이번에는 후원을 중심으로 한 창덕궁의 역사 이야기와 자연에 대한 필자의 시적 감상을 정리해 보고자 한다.

일반적으로 궁궐 해설서는 산문으로 쓰는데, 이 책은 창덕궁에 관한 한시집으로 산문과 운문을 혼용해서 썼다. 이는 독자가 시적 상상을 통해 유서 깊은 전각의 사연을 이해하고 자연에 대한 아름다움을 깊이 감상하는 데 도움이 되게 하기 위함이며, 『춘당사계』에 이어 두 번째이다. 또한 문학계에서 점차 멀어져가는 한시의 위상에 대한 일편(一片) 아쉬움도 숨길 수 없는 것이 사실이다.

산문 부분은 전각에 스며있는 역사적 사실을 보다 객관적으로 표현하기 위해 가급적 『궁궐지(宮闕志)』와 『조선왕조실록(朝鮮王朝實錄)』 등을 토대로 작성하려 했다. 시는 절구(絶句)와 율시를 혼용하여 자작시 80여 수, 어제시 10수, 인용시 10수 등 총 100여 수를 수록했다. 책의 구성은 돈화문을 비롯한 정전으로 향하는 삼문(三門), 인정전 등 주요 전각, 궐내각사, 동궁 영역, 낙선재 영역으로 구분했으며, 후원은 별도의 장으로 전체의 2/3 이상을 할애했다.

이 글은 전문적인 역사 해설서가 아니다. 필자 자신의 짧은 식견으로 정리했기 때문에 여러 부분에서 부족함을 금할 수 없다. 하지만 궁궐 길라잡이 김정미 선생님, 창경궁 해설 자원 활동가인 정영진 선생님의 자료 제공과 창경궁 안내해설사실 배진화 선생님, 도혜진 선생님, 창경궁 수표원 김경자 선생님 등의 교정과 자문으로 책의 완성도를 높일 수 있었다. 특히 시문의 조정과 책의 구성에 자문해 주신 남상호 강원대 명예교수님, 여러모로 협조해 주신 창덕궁 소장님과 여러분 선생님께도 심심한 감사를 드린다.

창덕궁의 무궁한 발전을 바라며, 이 책이 창덕궁과 후원을 이해하는 데 조금이나마 도움이 되길 간구(懇求)한다.

2024. 1. 20.

卵石 김범중 삼가 쓰다

2.
창덕궁의
건축과 역사

창덕궁의 역사는 1398년(태조 7년)에 일어난 왕자
의 난으로 거슬러 올라간다. 왕자의 난으로 정도전을 비롯하여 태조
가 끔찍이 아끼던 왕자 방번과 방석 등이 죽었다. 그 결과 크게 상심
한 태조가 물러나고, 방과 정종(定宗)이 왕위에 올라 다시 옛 수도 개
경으로 천도했다. 그러나 1400년(정종 2년) 2차 왕자의 난이 일어나 정
안대군 이방원이 정종의 뒤를 이어 즉위하였는데, 그가 3대 태종(太
宗)이다. 태종은 1405년(태종 5년)에 수도를 다시 한양으로 옮기고 경
복궁을 대신하여 궁궐을 지었는데, 바로 지금의 창덕궁이다.

　창덕궁은 1404년 10월에 착공하여 만 1년 만인 1405년 10월에 완
공되었다. 태종은 창덕궁을 완공한 후 국가의 큰 행사나 사신 접대 등
주요 의식은 경복궁에서, 일상의 조회나 정무 수행은 창덕궁에서 행하
는 양궐 체제를 유지했다. 그러나 세조 대부터는 경복궁보다 창덕궁이
더 자주 이용되었다. 경복궁은 평지에 자리 잡고 있어 크고 웅장하며
전각의 질서정연한 배치가 특징인 데 반해 창덕궁은 낮은 산자락에 자
리 잡고 있어 자연과 조화를 이루며, 그 지세에 맞추어 건물이 배치되
어 역대 임금들의 사랑을 한 몸에 받은 것으로 보인다. 실제로 조선 개

국 후 경복궁의 활용은 230여 년에 불과하나 창덕궁은 창건 후 거의 500여 년 동안 왕궁으로 이용되어 실질적인 법궁 역할을 한 것이다. 특히 세조에게 찬탈당한 6대 단종을 왕위에 복위시키기 위해 움직였던 사육신 사건, 중종반정, 인조반정 등 굵직한 정치적 사건이 창덕궁에서 일어났다. 또한 1592년(선조 25년) 임진왜란으로 모든 궁궐이 소실되어 1610년(광해군 2년)에 중건된 후 경복궁이 1868년 흥선대원군에 의해 중건될 때까지 창덕궁이 법궁으로서 기능을 다 해왔다. 조선 역사상 크고 작은 역사적 사건이 창덕궁에서 일어났으며, 조선 마지막 임금인 순종 황제 때 있었던 경술국치(庚戌國恥) 후 궁궐 대부분이 일제에 의해 훼손되었는데, 결국 500년 왕조의 마지막 궁궐이 되었다.

태종(1355~1408)은 조선 제3대 왕으로 재위 기간은 1400~1418년이다. 태조의 다섯째 아들로 조선 건국 과정에서 결정적인 고비마다 몸을 사리지 않고 나선 인물이다. 건국 후 신진세력과 갈등을 겪었으나 정도전 일파를 제거하여 국권을 장악하고 정종의 양위를 받아 즉위했다. 광범위한 분야의 문물제도를 정비하고 중앙집권 체제를 이룩함으로써 세종 성세의 토대를 닦았다.

창덕궁은 약 14만 평으로 이중 궁궐 영역이 4만여 평이고, 나머지는 후원 영역이다. 후원은 궁궐 뒤 응봉 자락에 아름다운 계곡을 끼고 전개된다. 자연과 조화를 이룬 빼어난 경관을 지니고 있어 세계적으로 아름다운 궁중 정원으로 알려져 있다. 이는 1997년 창덕궁이 유네스코가 지정한 세계유산으로 등재되는 데 결정적인 역할을 했다.

세계유산 표지판

창덕궁은 크게 네 부분으로 나뉘는데, 하나는 임금을 도와 정치를 행하던 신하들의 활동 공간인 궐내각사 영역과 역대 임금의 어진을 모시고 제사를 지내던 선원전(璿源殿), 즉 진전 영역이다. 다른 하나는 외전(外殿) 영역으로 임금이 나라의 공식 행사를 주관하거나 정사를 돌보던 공간으로 인정전, 선정전 등이 있다. 내전(內殿)으로는 임금과 왕비의 일상 생활공간인 대조전, 희정당 등이 있고, 마지막으로 후원(後苑)은 임금의 심신 수양, 백성들의 삶 체험, 인재 양성 등과 같은 여러 목적으로 활용되었다.

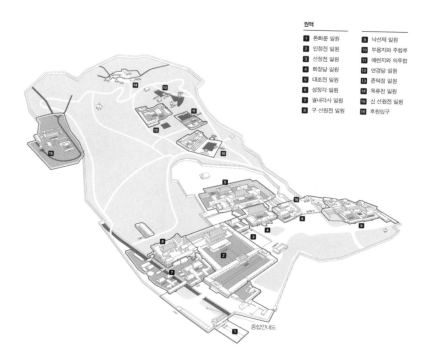

안내도(출처: 문화재청 창덕궁관리소)

「동궐도」(출처: 문화재청)

〈讚宮〉 창덕궁 예찬 김범중

일찍이 배산임수 명당 터 잡아
태종께서 미앙궁을 다시 지었네.
웅장한 전각엔 봉황의 웅지가 배어있고
맑고 깊은 연못엔 용트림이 일어나네.
골수에 사무친 온갖 풍파 겪었어도
방방곡곡 무궁화 꽃은 피고 지네.
철 따라 곳곳이 절경을 이루니
세계 도처에서 유람객 몰려오네.

背山臨水做明堂, 聖主賢君作未央. 배산임수주명당, 성주현군작미앙.
雄大樓檐懷風志, 清深池裏噴龍洸. 웅대루첨회봉지, 청심지리분용광.
風風雨雨侵骨髓, 面面村村留槿昌. 풍풍우우침골수, 면면촌촌류근창.
處處四時爲勝景, 遊人世界集來滄. 처처사시위승경, 유인세계집래창.

*未央宮(미앙궁): 고대 중국 한나라 고조가 장안에 지은 궁궐
*樓檐(루첨): 누각의 처마, 전각 비유
*風風雨雨(풍풍우우): 파란곡절

가. 정전으로 들어가는 길

▌ 돈화문(敦化門)

창덕궁의 정문 돈화문

창덕궁 정전으로 들어가는 첫 번째 문인 돈화문(敦化門)은 창덕궁
의 정문으로 궁장의 서남 모서리에 있다. "돈화문은 1405년(태종 5

년) 창덕궁이 지어지고 나서 7년 후인 1412년(태종 12년)에 건축되었다".¹ 임진왜란으로 소실(燒失)된 후 1608년(광해군 즉위년)에 중건되었다. 『실록』에는 "1411년(태종 11년) 윤12월 상왕(정종)을 돈화문 안 돌다리까지 전송했다는 기록"²이 있다. 현존하는 궁궐의 정문 가운데 가장 오래된 문이다. '돈화(敦化)'는 "임금의 덕목인 인(仁)과 덕(德)을 바탕으로 백성을 교화시켜 더욱 두텁게 한다"는 뜻이다. 이는 맹자(孟子)의 『중용(中庸)』³ "대덕돈화(大德敦化)"라는 말에서 유래된 것으로 "교화를 크게 두터이 한다"는 뜻이라고 한다. 돈화문 이외에 모든 궁궐의 정문에도 이러한 의미의 화(化) 자가 공통으로 들어있다.

멀리 남산을 바라보며 남향하고 있는 돈화문은 정면 5칸, 측면 2칸의 2층으로 건축되었으나 정면 5칸 중 3칸만 출입문으로 활용되고 있다. 이에 반해 경복궁의 광화문은 높은 석축을 쌓아 세 개의 출입문을 내고 석축 위에 중층 누각을 올려 다른 궁궐의 정문과 차별화했다. 돈화문의 2층 문루에는 북과 종을 설치하여 시간을 알렸는데 정오에 치는 북을 오고(午鼓)라 하였고, 밤에는 인정(人定)이라 하여 28

---

1) 태종실록 23권』 1412년(태종 12년 5월 22일): 都城左右行廊成. 自闕門至貞善坊洞口, 行廊四百七十二間;進善門之南, 建樓門五間, 名曰敦化.

2) 『태종실록 22권』 1411년(태종 11년 윤12월 10일): 丙寅/上奉上王, 置酒于內殿, 擊毬盡歡, 宗親與焉. 上王駕還, 上送于敦化門內石橋, 跪曰: "雙親俱逝, 當今孝養, 捨上位而誰歟?" 上王曰: "是也."

3) 『중용』: 萬物竝育而不相害, 道竝行而不相悖, 小德川流, 大德敦化, 此天地之所以爲大也

번 종이 울렸다. 또한 새벽에는 파루(罷漏)라 하여 33번의 종이 울렸는데 인정은 통행금지를 의미하고, 파루는 통행금지 해제를 의미한다. 돈화문은 임금의 행차나 외국 사신, 3품 이상의 고급 관리들이 출입했다. 일반 관원들은 서쪽 문인 금호문(金虎門)으로 출입했으며, 의례나 장례 의식이 있을 때는 동남쪽의 단봉문(丹鳳門)을 이용했다.

〈臨敦化門〉 돈화문을 들어서며 김범중

천년의 구름은 무심히 흐르고
고색창연한 궁문 여전히 아름답네.
용마루 잡상 잡귀의 진입을 막고
대궐 수문장은 궁문을 굳게 지켰으리.
밤낮 울리는 북과 종소리 백성을 일깨우고
조석으로 산새는 종사의 번영을 노래했으리.
만고풍상 겪으며 종묘사직을 지키니
하늘이 베푼 은혜 궁궐에 가득 넘치네.

千年雲片去無愁, 古色禁門紅綠留. 천년운편거무수, 고색궁문홍녹류.
雜像四甍遮雜鬼, 閽人五關保金樓. 잡상사맹차잡귀, 달인오궐보금루.
夜鐘晝鼓醒百姓, 朝鵲夕烏歌萬謳. 야종주고성백성, 조작석오가만구.
能耐風霜支社稷, 天施天賜滿宮泑. 능내풍상지사직, 천시천사만궁유.

금천과 금천교

금천교

　궁궐에는 배산임수라 하여 뒤에 산을 끼고 앞에 물이 흐르도록 하
는 풍수지리적 조건에 따라 명당수(明堂水)를 파고 돌다리를 놓았다.
명당수는 신성한 왕실의 권위를 상징하며 사악한 기운이 함부로 들어
갈 수 없다는 의미로 금천(禁川)이라 불렀고, 다리 이름을 금천교라 하
였다. 각 궁궐의 금천교에는 각각 다른 이름이 있는데, 경복궁 금천교
는 영제교(永濟橋)로 세종 때 집현전 학사들에 의해 붙여진 이름이다.
창경궁의 금천교는 옥천교(玉川橋)인데 지금도 유일하게 자연수가 흐
른다. 창덕궁의 금천교는 비단처럼 맑고 고운 물이 흐른다는 의미에서
금천교(錦川橋)라 불리는데 "창덕궁이 창건된 지 6년이 지난 1411년(태

종 11년)에 건축되었다".[4] 현존하는 궁궐의 금천교 중 가장 오래되었다. 금천교는 두 개의 홍예를 두어 물이 두 군데로 나뉘어 흐르도록 했으며, 홍예 사이 남북 양쪽에 귀면이 새겨져 있다. 난간 좌우에는 석수가 조각되어 있는데 모두 사악한 기운이 신성한 영역인 궁궐로 들어오는 것을 막는다는 상징적인 의미가 담겨있다고 한다.

　금천은 임금이 머무는 신성한 영역과 신하 또는 백성이 속해있는 영역을 구분하는 경계 역할을 한다고 한다. 또한 임금을 뵙기 위해 들어오는 사람은 속세의 오염된 기운을 금천교를 통과할 때 씻어내고 들어오라는 의미가 담겨있다. 즉 신하들이 입궐할 때 정결한 마음을 가지라는 의미가 담겨있다고 볼 수 있다.

⟨錦川橋春⟩ 금천교의 봄　김범중

물가 양쪽에 온갖 꽃 피어나 아름답고
어젯밤 비에 불어난 물소리 정겹네.
두 마리 용 허리 굽혀 상판을 받치고
네 마리 서수는 앉아서 오는 손님 반기네.
다리 앞 회화나무 마주 보며 서 있고

---

4) 역사건축기술연구소, 『우리 궁궐을 아는 사전』, 돌베개, 2015, 66쪽. 이하 『우리 궁궐을 아는 사전』이라 한다.

물가 버드나무는 느티나무와 짝하네.

산새들 날아와 즐겁게 지저귀니

춘향에 취한 귀면도 주름을 펴는 듯.

雨邊花葉滿, 夜雨水聲呻. 양변화엽만, 야우수성신.

二蟒撑橋面, 四塵迎客賓. 이망탱교면, 사우영객빈.

八槐相視立, 單柳伴槐親. 팔괴상시립, 단유반귀친.

野鳥飛來噪, 逢春魍展皺. 야조비래조, 봉춘망전준.

회화나무

돈화문에서 금천교에 이르는 양변에 노령의 회화나무 8그루가 마치 궁궐에 사귀(邪鬼)의 진입을 저지하려는 듯 꿋꿋한 모습으로 서있다. 중국 고대 주나라에서는 조정에 회화나무 세 그루를 심고 삼정승이 앉아 국사를 논했다고 한다. 이후 회화나무는 정승목으로 알려졌고, 궁궐의 권위를 상징하는 나무가 되었다. 회화나무를 괴위(槐位), 괴정(槐鼎)이라 하여 벼슬에 준하여 우대했는데 이 같은 이유라고 생각된다. 쭉쭉 뻗은 회화나무 가지가 마치 학자의 기개 같다고 해서 학자수(學者樹)라 불리기도 한다. 한편 금천교 위쪽에는 느티나무와 버드나무가 마주 보고 서 있어 각각 금천교를 보호하고 있는 듯하다.

〈槐花〉 회화나무 꽃 김범중

쪽빛 하늘에 흰 구름 떠가고
한 줄기 바람 나뭇가지 스쳐 가네.
시절을 아는 매미 소리 궁궐에 요란한데
회화나무 꽃잎은 눈송이처럼 날리네.

碧昊吟雲去, 微風去樹枝. 벽호령운거, 미풍거수지.

惱時蟬透闕, 如雪白花摛. 도시선투궐, 여설백화이.

금천교 버드나무

버드나무는 한자로 柳(유)라 하며 楊柳(양류)라고도 한다. 양류는 버드나무 종류를 의미하여 사시나무[白楊]나 미루나무[美洲黑楊] 등을 표현하는 경우도 있다. 일반적으로 가지가 위로 서면 楊으로 보고, 아래로 내려오면 柳로 본다. "중국 명나라 약학자 이시진(李時珍, 1518~1593)이 지은 『본초강목(本草綱目)』에는 다음과 같이 밝히고 있다.

楊은 나무의 가지가 단단하여 위로 뻗는(揚) 까닭에 揚의 음을 따서 楊으로 대신하였고, 柳는 가지가 약하고 아래로 흐르므로[垂流] 流의 음을 흉내 낸 柳로 나타내었다.

「楊枝硬而揚起 故謂之楊 柳枝弱而垂柳 故謂之柳 蓋一類二種也」."[5]

5) 임경빈, 『이야기가 있는 나무백과 2』, 서울대학교 출판문화원, 2020, 126쪽

버드나무의 종류는 세계적으로 약 350여 종류가 있으며, 우리나라에는 3속 40여 종이 있다고 한다. 이 중 우리에게 익숙한 버드나무는 갯버들, 왕버들, 수양버들, 능수버들 등이 있다. 갯버들은 포류(蒲柳)·수양(水楊)·세주류(細柱柳)라고도 하는데 "개울가에서 자라는 버들"이라는 의미로 붙여진 이름이다. 높이 1~2m이고, 뿌리 근처에서 가지가 나오며 어린 가지는 노란 빛이 도는 녹색이다. 고사성어인 "포류지질(蒲柳之質)"과 "포류지자(蒲柳之姿)"의 포류는 갯버들을 지칭하는 것으로 갯버들처럼 허약한 체질을 비유한다고 한다.

【포류지질(蒲柳之質)의 유래[6]】

고대 중국 동진(東晉)의 진릉에 고열이란 사람이 있었는데, 인품과 신망이 매우 뛰어나 양주지사 은호가 그를 차관으로 삼아 신임하게 되었다. 고열은 은호의 신임에 보답하기 위해 오랫동안 무리하여 일했기 때문에 30세에 이미 백발이 되고 점점 야위어 갔다. 그가 어느 날 왕을 배알하러 갔을 때, 왕이 그의 백발을 보자 30세 같은 나이인데 어찌 된 연유로 백발이 되었는지 물었다. 이 말에 고열은 웃으면서 다음과 같이 말했다. "그것은 폐하께서는 백송이라 서리를 맞아도 곧 푸르게 되지만 저는 갯버들 같은 체질(蒲柳之質)이라 가을이 되면 금방 잎이 떨어져 버리기 때문입니다."라고 하였다.

중국 당나라 시인 하지장(賀知章)은 버드나무 잎새를 타고 오는 봄을 이렇게 읊었다.

---

6) 김규석 외, 『감동 있는 나무 이야기』, 한국숲해설가협회, 2017, 151쪽

<咏柳[7]> 영류　賀知章(659~744)

벽옥으로 치장한 높다란 나무
가지가지 초록실 늘어뜨렸네.
자그만 잎새들 그 누가 말랐나
2월 봄바람이 가위질했다네.

碧玉妝成一樹高, 萬條垂下綠絲條. 벽옥장성일수고, 만조수하녹사조.
不知細葉誰裁出, 二月春風似剪刀. 부지세엽수재출, 이월춘풍사전도.

▮ 진선문(進善門)

　진선문(進善門)은 금천교를 지나 정전으로 들어가는 두 번째 출입
문이다. 대문이라고도 불린다. "광해군 때 중국 사신을 영접하던 일을
적은 『영접도감사제청의궤(迎接都監賜祭廳儀軌)』[8]에는 돈화문을 정문,
진선문을 대문이라 칭했는데 진선문 안쪽부터 대내로 인식했다고 볼

---

7) 孫洙, 『唐詩 300首 下』, 명문당, 2014, 281쪽
8) 조선 역대 왕실의 길례(吉禮) 및 흉례(凶禮) 때 중국에서 파견된 사신(使臣)의 영접에 관
　　한 전말을 적은 책, 두산백과

수 있다."[9] 중국 주나라 경전 『주례(周禮)』[10]에 의하면 궁궐은 오문삼조 (五門三朝), 삼문삼조(三門三朝)를 두고 세 개 또는 다섯 개의 문을 거쳐 궁궐에 들어간다. 천자는 오 문, 제후는 삼 문이라 하여 천자는 다섯 개의 문을 통과하고, 제후는 세 개의 문을 통과해야 비로소 궁궐에 들어선다는 기록이 있다. 경복궁과 창덕궁은 제후의 예에 따라 삼문 제도를 두어 반드시 세 개의 문을 통과하도록 문을 두었다. 진선문을 들어서면 넓은 마당이 나타나는데 마당을 두른 행랑에는 궁궐을 관리하는 여러 관청이 있었다.

진선문

'진선(進善)'은 임금께 바른말을 알려 좋은 정치를 행한다는 뜻을 담

---

9) 『우리 궁궐을 아는 사전』, 72쪽

10) 중국 주나라 왕실의 관직 제도와 전국시대 각국의 제도를 기록한 유교 경전, 네이버지 식백과

고 있다. 『후한서(後漢書)』「채무전(榮茂傳)」에 "교화를 일으킴은 반드시 착한 말을 올리는 데 연유한다(興化致敎, 必由進善)."라고 하였다. 진선문에 한때 설치되었던 신문고도 이와 무관하다고 볼 수 없는데, 신문고는 3대 태종과 21대 영조 대에 설치되었다. 특히 영조 때는 창덕궁 진선문과 경희궁 건명문(建明門)에 신문고를 각각 설치했다는 기록이 있다. 신문고는 억울한 백성의 민원을 풀어주는 일종의 민원 해결 담당 기구였으나 활성화되지는 않은 듯하다. 이에 영·정 대에 이르러 상언(上言), 격쟁(擊錚)과 같은 새로운 형태의 민원 해결 제도가 활발히 이용되었다.

진선문은 정문으로 들어와 금천을 끼고 오른쪽 금천교 건너에 있으며, 창덕궁의 전문인 인정문은 진선문을 지나 왼쪽 행랑에 있다. 경복궁의 삼문이 모두 정남향으로 일직선상에 있는 것과 대조적이다. 이는 경복궁은 평지에 평탄하게 건축된 반면 창덕궁은 자연 지형에 따라 자연스럽게 건축했기 때문으로 짐작된다. 그래서 돈화문도 창덕궁의 서남쪽 모서리에 건축된 듯하다.

█ 인정문(仁政門)

인정문(仁政門)은 인정전 남 행랑의 중앙에 있는 문이다. 창덕궁의 정전(正殿)인 인정전으로 들어가기 위한 세 번째 문으로 전문(殿門)이라 한다. 인정문은 창덕궁 창건 시 지어졌으며, 당초 중층 지붕으로 좌우 행랑 끝에 누각이 대칭으로 건축되었으나 임진왜란으로 소실되어 다시 지을 때 지금의 단층 모습으로 변형되었다. 이 문은 임금의 즉위식, 조회의식[朝參]의 장소이자 때에 따라서 나라의 중죄인이 있을 때 임금이 직접 죄인을 심문하던 국장으로 활용되기도 했다. 단순히 정전으로 들어가는 전문으로의 역할 뿐만 아니라 임금의 즉위식이 거행되었던 중요한 의미를 가진 공간이었다.

창덕궁의 전문 인정문

조선 시대 임금의 즉위는 승계(承繼), 선양(禪讓), 반정(反正) 등 세 가지 경우가 있다. 첫째 승계(承繼)는 사위(嗣位)라고도 부르며, 대개

선왕 승하 후 세자가 왕위에 오르는 경우를 말한다. 둘째 선양(禪讓)은 선위(禪位)라고 부르기도 하며, 태종이 세자였던 충녕대군, 즉 세종에게 왕위를 물려준 것처럼 살아있는 동안 왕위를 물려주고 받는 경우를 가리킨다. 셋째 반정(反正)은 덕을 잃은 임금을 폐위시키고 어진 이를 새 임금으로 세우는 경우인데 연산군을 폐위시킨 중종반정, 광해군을 폐위시킨 인조반정이 이에 해당한다. 두 반정은 모두 창덕궁에서 일어난 사건이었다. 사위에 의한 즉위식은 대부분 상중에 치러지며 인정문에서 옥새와 유교(임금의 유언장)를 물려받는 의식을 거행한 후 인정전에 나가 신료들로부터 하례를 받는 방식으로 거행된다. "창덕궁 인정문에서 효종, 현종, 숙종, 영조, 철종, 고종 등 역대 여섯 분의 임금이 왕위에 올랐다".[11]

인정문 주변은 궁궐의 공식적인 행사가 거행되었던 공간이었으므로 이와 관련된 많은 관청이 있었다. 궁궐의 경비를 담당했던 내병조(內兵曹)를 비롯하여 왕실 가족의 호위를 담당하는 관청, 즉 오늘날 대통령 경호실에 해당하는 호위청(扈衛廳), 옥새·마패 등을 보관하는 상서원(尙瑞院), 각종 행사 때 사용되는 시설물을 관리하는 전설사(典設司) 등이 인정문 주변에 있었다. 지금은 상서원과 호위청의 편액만 걸려있다. 인정문 용마루에는 오얏꽃 세 송이가 각인되어 있다.

---

11) 『우리 궁궐을 아는 사전』, 74쪽

<臨仁政> 인정문에서 김범중

정전으로 들어가는 마지막 아름다운 문
북소리 들리지 않고 오얏꽃이 반겨주네.
임금님 행차 멀리 떠나 돌아오지 않고
푸른 하늘에 흰 구름만 스쳐 가네.

入堂終秀闥, 無鼓李花迎. 입당종수달, 무고이화영.
御駕登程遠, 碧天雲片橫. 어가등정원, 벽천운편횡.

나. 주요 전각

▌인정전(仁政殿)

인정전 전경

인정전(仁政殿)은 창덕궁의 정전(正殿)으로 창덕궁의 중심 전각이다.

법전(法殿)이라고도 한다. 1405년(태종 5년) 정면 세 칸의 단층 규모로

창건되었으며, 1418년(세종 1년)과 1453년(단종 1년)에 대대적으로 보완

되었다. 1592년 임진왜란으로 전소(全燒)되어 1608년(광해군 즉위년)에

복원된 후 1803년(순조 3년) 선정전 북쪽 행각에서 일어난 화재로 다시

소실되어 그 이듬해에 복원되었다. 1857년(철종 8년)에 다시 대대적으로 중건하여 오늘에 이르고 있다. '인정(仁政)'은 어진 정치를 뜻하며 이는 고대 중국의 사상가인 맹자(孟子)가 주창했던 왕도정치를 통해 백성들에게 더 좋은 태평의 정치를 행하겠다는 당시 통치자의 이념을 담고 있다. 참고로 경복궁의 근정전(勤政殿)은 부지런히 인재를 구해 좋은 정치를 행한다는 뜻이며, 창경궁의 명정전(明政殿)은 밝은 정치를 행하라는 의미를 담고 있다.

"인정전(仁政殿)은 왕이 조하를 받던 정전(正殿)이다. 남문은 인정문(仁政門), 동문은 광범문(光範門), 서문은 숭범문(崇範門)이다".[12] 인정전에서 주로 왕비·왕세자의 책봉 의식, 외국사절의 접견, 그리고 신하들의 조하(朝賀)나 과거시험의 전시(殿試)와 같은 국가의 큰 공식 행사가 거행되었던 곳이다. 조하(朝賀)는 조현봉하(朝見奉賀)의 약칭으로 왕에게 절을 올리고 잔치를 여는 의례를 말한다. 『국조오례의(國朝五禮儀)』[13]에 상세히 규정되어 있다.

인정전 앞 넓은 마당에는 박석(薄石)이라는 얇고 넓적한 돌이 깔려 있다. 이 돌이 깔려있는 마당을 조정(朝廷)이라 부른다. 일제 강점기 이후 인정전 주변이 변형되면서 잔디가 식재되었으나 최근 옛 모습을 되찾으면서 다시 박석을 깔아놓았다. 박석은 거칠고 투박하게 만들어

---

12) 윤한택 외, 『궁궐지 1』, 서울학 연구소, 1996, 66쪽. 이하 『궁궐지 1』이라 한다.

13) 조선 성종 대에 신숙주(申叔舟), 정척(鄭陟) 등이 왕명에 의해 오례(五禮)를 중심으로 조선의 기본적인 예법과 절차 등을 규정해 놓은 책

져서 빛을 차단하고 빗물에 미끄러움을 방지하는 효과가 있으며, 정전 주변을 감싸고 있는 회랑과 더불어 소리를 울릴 수 있는 역할을 했다고 한다. 조정 중앙에는 삼도(三道)가 있고, 좌우로 품계석(品階石)이라는 비석이 도열해 있다. 1777년(정조 1년)에 조하 시 관료들의 반차, 즉 위차가 문란해지는 것을 바로 하기 위해 세운 것이며 임금님을 기준으로 좌측은 문반이, 우측은 무반이 자리하는데 흔히 이 문반과 무반을 합쳐 양반이라고 부르며, 정3품(折衝將軍) 이상을 당상관, 정3품 통훈대부(禦侮將軍) 이하를 당하관이라 하여 다시 구분한다.

품계석

〈品階石〉 품계석 김범중

산들바람에 조각구름 흘러가는데
고색창연한 전각은 여전하네.
인걸은 모두 떠나고 없으니
양쪽 비석만 전각을 향해 애달파 하네.

**微風雲片退, 古殿尙如前. 미풍운편퇴, 고전상여전.
무已家人滅, 雙碑向殿憐. 조이가인멸, 쌍비향전련.**

인정전을 오르는 계단에 봉황이 조각된 반듯한 돌조각이 있는데, 이것은 답도(踏道)라 하여 임금이 타는 연이 오르는 길이다. 봉황이 조각되어 있는 것은 전설의 동물인 봉황이 용과 더불어 임금을 상징하며, 태평성대에만 나타난다는 속설이 있기 때문이다. 그러므로 임금과 더불어 나라의 태평성대를 염원하는 의미가 담겨있다. 경복궁의 근정전과 창경궁의 명정전, 경희궁의 숭정전의 답도에도 봉황이 조각되어 있다. 한편 덕수궁의 옛 이름인 경운궁 중화전의 답도에는 용이 새겨져 있는데, 이는 경운궁이 대한제국 시절 황제가 머무르며 정치를 했던 황제국의 법궁이었기 때문이다. 한편 정전의 내부 천장에도 봉황혹은 용이 새겨져 있는데 근정전과 중화전에는 용이, 인정전과 명정전에는 봉황이 그려져 있다.

인정전 내부

인정전 내부에는 임금님의 어좌가 있고, 일월오악병 또는 일월오봉도라는 병풍이 설치되어 있다. 이 그림은 임금과 왕비를 상징하는 해와 달, 국토를 상징하는 오악, 소나무, 폭포로 이루어져 있다. 임금을 중심으로 나라가 유지된다는 왕실의 존엄성, 나라와 백성들의 태평성대를 염원하는 의미가 담긴 그림이다.

또한 인정전 내부에는 전등과 커튼 등 서양 시설들이 설치되어 있다. 모두 1907년 고종의 양위로 즉위한 순종 황제가 그 이듬해인 1908년에 창덕궁으로 이어하면서 설치된 시설이다. 경복궁의 전기 가설은 1887년에 이루어졌는데, 동양 삼국 가운데 최초라고 한다. 이때 물을 이용한 증기 발전을 통하여 전기를 일으켰으므로 당시 사람들은 물불이라 부르기도 했다고 한다. 이 무렵의 전기 가설은 미국의 에디슨 전기회사에 요청하여 이루어지게 된 것이라는 이야기가 전해오고 있다. 한편 1910년의 경술국치 당시 우리의 국권을 일본에 빼앗기는 치욕적인 문서가 발표된 곳이 인정전이다.

인정전과 인정문의 용마루에 오얏꽃 문양이 조각되어 있다. 이는 1897년 대한제국을 수립한 고종황제가 황실의 문양을 오얏꽃으로 삼은 것에서 비롯되었는데, 전주 이씨의 '李' 자가 바로 오얏을 상징하기 때문으로 추측된다.

오얏꽃은 매화와 더불어 『시경(詩經)』에서도 알아줄 정도로 아름다운 꽃이다. 그러나 오얏나무는 한때 조정에서 천대받은 아픔을 지닌 나무이다. 신라 말 도선국사(道詵國師)가 지은 『도선비기(道詵秘記)』에 500년 후에 오얏 李, 즉 이씨 성을 가진 자가 왕이 된다고 하여, 도참설이 유행하면서 고려 말 조정은 오얏나무가 무성했던 서울 번동 일대에 벌리사라는 관리를 파견하여 무성하던 오얏나무를 베어버렸다. 그래서 마을 이름을 벌리라고 하다가 지금의 번동이 되었다고 한다. 조선왕조에서 특별히 인정받지 못했으나 대한제국(大韓帝國) 때 오얏꽃을 왕실의 문장(紋章)으로 사용하게 되었다. 1884년에 발행된 우리나라 최초의 우표에 오얏꽃 문양을 사용했다. 또한 창덕궁 인정전의 용마루와 덕수궁 석조전의 삼각형 박공 등에도 오얏꽃 문양이 새겨져 있다.

오얏나무는 "과전이하(瓜田李下: 의심받을 행동은 피하라)", "도리만천하(桃李滿天下: 주변에 인재가 많다.)"라는 성어를 낳았다.

인정전에 관한 숙종의 어제시가 전한다.

〈仁政殿外宴詩[14]〉 인정전 외연시 숙종(1661~1720)

오늘이 잔칫날이 되어

대궐 뜨락에 백관이 모이니

원량의 정성 간곡하고

재상의 충정 모두 쏟았다.

부지런히 구배 기울이니

우국 일념에 편안한 적 있었던가

부끄럽다. 이 성례를 맞고서야

만민의 환희를 위안할 생각하다니

今日宴期至, 大庭引百官. 금일연기지, 대정인백관.

元良誠旣懇, 宰相悃仍殫. 원량성기간, 재상곤잉탄.

黽勉九觴擧, 何嘗一念安. 민면구상거, 하상일념안.

自慚當成禮, 思慰萬民歡. 자참당성례, 사위만민환.

---

14) 『궁궐지 1』, 67쪽, 31쪽

⟨仁政殿⟩ 인정전에서 김범중

응봉산 수색은 천년을 이어오고
운무는 오늘도 목멱산을 휘돌아 오르네.
좌우 월랑 드높은 전각을 두르고
남북 삼도는 하늘에 이르렀네.
계단의 답도 국운을 융성하게 하니
봉황은 어좌 위에서 춤을 추네.
선정 효도 베풀어 선대에 보답하고
수신 적덕하여 만백성에 베풀었으리.
대궐에 불어오는 서풍에 전각의 기둥 흔들리고
궁궐의 문벌 싸움에 남은 충신 떠나갔다네.
어좌를 비추는 샹들리에 불빛 찬란한데
조정의 석양빛은 아스라이 멀어지네.

鷹峯樹色有千光, 木覓煙雲旋轉揚. 응봉수색유천광, 목멱연운선전양.
左右雙廊圍玉殿, 北南三路到空央. 좌우쌍랑위옥전, 북남삼로도공앙.
階梯踏道祈宗運, 天頂鸞翅開御床. 계제답도기종운, 천정난비개어상.
仁政孝親酬老輩, 修身積德報民望. 인정효친수노배, 수신적덕보민망.
西風紫禁運多柱, 東闕颷奮無一梁. 서풍자금운다주, 동궐표분무일량.
枝樣掛燈明昱昱, 夕暉大庭漸茫茫. 지양계등명욱욱, 석휘대정점망망.

*老輩(노배): 선대
*門功(문공): 문벌

▌ 선정전(宣政殿)

창덕궁 편전 선정전

인정전 동편 늘 푸른 지붕의 선정전(宣政殿)은 창덕궁의 편전으로 임금이 경전을 강독하고 신하들과 국사를 논의하던 곳이다. 오늘날 대통령 집무실에 해당하는 공간이다. 원래 이곳 이름은 아침마다 임금에게 정무를 아뢰던 청사(廳舍)라는 의미의 조계청(朝啓廳)이 있었는데, "1461년(세조 7년)에 선정전(宣政殿)으로 고쳐 불렀다."[15]라고 한

---

15) 『세조실록 26권』 1461년(세조 7년 12월 19일): 傳于禮曹曰: "昌德宮朝啓廳稱宣政殿, 後東別室稱昭德堂, 後西別室稱寶慶堂, 正殿稱兩儀殿,

다. 경복궁의 사정전, 창덕궁의 선정전, 창경궁의 문정전 등이 모두 편전의 용도로 쓰인 전각이다.

선정전은 1405년 창덕궁 창건 시 지어졌으며, 이후 여러 차례 소실과 재건이 거듭되었다. 임진왜란 때 소실되어 광해군 때 중건했으나 인조반정으로 다시 불에 타 1647년(인조 25년) '인경궁'[16]의 광정전(光政殿)을 헐어다 다시 지었다. 선정전은 모든 궁궐의 전각 중 유일한 청기와 건물이다. 역사적으로 선정전에서 중종의 계비이자 명종의 어머니인 "문정왕후가 12세의 어린 나이로 왕위에 오른 명종을 대신해서 수렴 청정했다는 기록"[17]이 있다.

수렴청정은 임금의 나이가 어려 정무(政務)를 보지 못할 경우 대비 또는 대왕대비가 임금이 성인이 될 때까지 임시로 국사를 처리하는 것이다. 임금은 어좌에 앉고 대비나 대왕대비가 임금 뒤에 발, 즉 수렴을 치고 앉아 임금을 대신하여 중요한 결정을 한다.

대리청정은 임금이 건강 등 일신상의 이유로 나랏일을 돌볼 수 없을 때 세자 또는 세제, 세손이 임금을 대신하여 국사를 돌보는 경우이다. 조선 시대 역대 왕 중 문종, 경종, 영조, 정조 등이 대리청정을 거친 대표적인 왕이었다. 선정전은 이 외 "왕비의 양로연, 친잠례(親蠶禮) 등으로도 쓰였다는 기록"[18]이 있다.

한편 왕실이 국상을 당했을 때 빈전으로도 활용되었는데 "인조, 효

---

16) 조선 광해군 때 인왕산 아래 동남쪽에 지은 궁궐

17) 『궁궐지 1』, 70쪽

18) 『궁궐지 1』, 70쪽

종, 현종, 현종비, 경종의 국장 때 선정전이 빈전으로 활용되었다".[19]

선정전 주변에는 임금의 비서실이라 할 수 있는 승정원, 사헌부, 사간원의 관원들이 활용하던 대청, 임금의 음식을 담당하던 사옹원. 내시들의 사무실이라 할 수 있는 내반원 등 관청이 있었는데, 대부분 일제 강점기 때 훼철(毀撤)되었다. 유일하게 남은 건물은 빈청 혹은 빈궁청이라 하여 3품 이상의 고위 대신들이 임금을 뵙기 위해 잠시 머물거나 주요 현안을 논의하던 용도로 활용되었던 곳이다. 그러나 그 건물도 일제 강점기에 승용차·가마·마차 등을 보관하던 어차고로 활용되다 2007년 고궁박물관으로 옮겨진 후 지금은 빈 공간으로 남아있다.

▋ 희정당(熙政堂)

희정당(熙政堂)은 임금이 평상시 거처하면서 정무를 보는 편전이다. 건물 북쪽으로는 대조전이, 서쪽은 선정전이 남서쪽에는 내시들이 머무는 내반원, 동남쪽에는 성정각이 있어서 창덕궁 전각의 중심을 이루는 위치에 있다. 『궁궐지』에 "희정당은 대조전 남쪽에 있는 편전이면서 정무를 보는 곳"[20]이라 하였고, 『동국여지비고』에는 "평상시 쉬면서

---

19) 『우리 궁궐을 아는 사전』, 91쪽
20) 『궁궐지 1』, 38쪽: 熙政堂在大造殿南側便殿視事.

신하들을 만나는 곳(燕寢接群臣之所)"이라 하였다. '희정(熙政)'이란 화려한 정치를 의미한다. 정치를 잘하여 모든 일이 잘되고 모든 백성이 화락(萬姓咸熙)하게 된다는 의미라고 한다.

희정당 전경

희정당이 지어진 시기는 정확히 알 수 없으나 연산군 때 "숭문당을 희정당으로 고쳐 부르도록 했다는 기록"[21]이 있는 것으로 보아 그 이전에 지어진 건물임을 알 수 있다. 이후 1592년 임진왜란 때 소실되고 광해군 때 중건되었으나 그 후에도 소실과 재건이 반복되었다. "1800년 정조 승하 후 어린 순조를 대신하여 정순왕후(貞純王

---

21) 『연산군일기 20권』 1496년(연산 2년 12월 8일): 命改崇文堂曰熙政堂

后, 1745~1805)가 이곳에서 수렴청정하였으며, 이후 헌종과 철종의 즉
위 후에도 순원왕후(純元王后, 1789~1857)가 이곳에서 수렴청정하였
다".[22] 효명세자가 대리청정 중 1830년(순조 30년) 5월 이곳에서 승하
했다.

희정당 내부

　희정당 내부에는 서양식 가구와 탁자들이 배치되어 있다. 실내 좌
우에는 「금강산만물초승경도」와 「총석정절경도」라는 벽화가 걸려있
다. 이는 순종의 명으로 '당시 최고의 화가로 꼽히던 김규진(金奎鎭,
1868~1933)이 그린 작품[23]으로 현재 문화재로 지정되어 있다. 희정당

22) 『우리 궁궐을 아는 사전』, 102쪽
23) 『우리 궁궐을 아는 사전』, 105쪽

입구의 돌출된 현관은 1910년대 이후 궁궐에 자동차가 드나들면서 개조된 것으로, 서양 근대 건축과 절충된 구조라 볼 수 있다.

〈熙政堂畵〉 희정당 벽화 김범중

군왕이 밝은 정치를 갈망하던 곳
왕후의 수렴정치가 꽃을 피웠네.
실내에 서풍이 가득하지만
양 벽화는 강토의 아름다움을 자랑하네.

主上希明治, 王妃代政花. 주상희명치, 왕비대정화.
西風充滿室, 兩畵耀疆華. 서풍충만실, 양화요강화.

희정당 앞의 화단에는 노송이 우거져 늘 푸른 기상으로 전각을 굽어보고 서있다.

〈靑松〉 청송 김범중

전각 옆 늘 푸른 소나무

용 같은 기상 하늘로 솟구쳐.

바람이 부나 눈비가 오나

묵묵히 유구한 전각 지키네.

殿後常靑樹, 如龍氣剌空. 전후상청수, 여용기자공.

無關風雨雪, 默默守悠宮. 무관풍우설, 묵묵수유궁.

희정당 앞 소나무

소나무는 한국인이 가장 좋아하는 나무로 요람에서 무덤까지 우리
민족의 일상생활과 불가분의 관계에 있다. 사람이 태어나면 금줄에 솔

잎을 꿰어 잡귀(雜鬼)의 진입을 막고 솔가지를 땔감으로 사용했으며, 소나무 목재로 집을 짓고 살았다. 생을 마감할 때에도 송판으로 만든 관에 의해 저승길로 갔다. 소나무는 구황작물로도 알려져 새봄에 가난한 백성이 소나무 가지의 속피를 벗겨 먹고 화장실에서 곤욕을 치른 데에서 "○○○이 찢어지게 가난하다."라는 말이 유행하기도 했다. 소나무의 '松' 자에 벼슬 '公' 자가 들어있는 것은 옛날 중국 진시황이 나들이 중 비를 만나 피할 곳을 찾다가 마침 큰 나무를 발견하고, 그 밑에서 비를 피하게 해준 고마움으로 벼슬을 내려서 松이라는 이름이 되었다고 한다.

조선왕조가 들어서면서 궁궐 건축을 위한 소나무 수요가 많아져 조선은 건국 초부터 소나무 보호 정책을 강력히 추진했다. 정조는 소나무를 유난히 좋아하여, 화성으로 옮긴 아버지 사도세자(思悼世子)의 묘 주변에 소나무를 심었다. 소나무 보호를 위해 나무마다 돈(엽전) 꾸러미를 달아놓고 소나무가 탐나는 사람에게 소나무 대신 그 돈을 가져가도록 했다는 일화가 전해진다.

<木覓松林[24]> 목멱 송림, 김창흡(金昌翕, 1653~1722)

저기 멀리 소나무 숲 푸른빛이 눈에 들어오는데

소 등에 잠두 능선 위에 온통 그늘 뒤덮었네.

---

24) 『三淵集卷之五』

어찌하면 패기를 푸릇푸릇 키워가며

천년을 도끼질 당함을 피할까나.

蒼蒼入目遠松林, 牛背鸞頭萬蓋陰.

창창입목원송림, 우배잠두만개음.

安得長青滋覇氣, 千年不受斧斤侵.

안득장청자패기, 천년불수부근침.

조선 후기 실학자 홍만선(洪萬選, 1643~1715)이 지은 『산림경제(山林經濟)』에 집주변에 송죽(松竹)을 심으면 생기가 돌고 속기(俗氣)를 물리칠 수 있다고 했다. 추위와 눈보라에도 변함없이 늘 푸른 소나무의 기상이 '초목의 군자', '송죽과 같은 절개'라고 하여 수많은 선비나 군자가 소나무를 시의 주제로 읊으며 그 기상을 본받고자 했다.

특히 겨울은 소나무의 계절이다. 소나무는 사시사철 푸른데 왜 겨울을 소나무의 계절이라 하는가? 온갖 나무가 다 시들어도 소나무는 늘 푸른빛을 자랑하기 때문이다. 『논어(論語)』에 "계절이 추워진 연후에야 소나무와 잣나무가 늦게 시든다는 사실을 안다(歲寒然後, 知松柏之後彫也)."라는 말이 있다.

■ 대조전(大造殿)

왕비의 침전 대조전

대조전(大造殿)은 왕과 왕비의 침전(寢殿)으로 내전의 가장 깊은 곳에 있다. 창덕궁 창건 시 건립되었으며, 다른 전각과 함께 임진왜란, 이괄의 난 등을 거치면서 소실과 재건이 반복되었다. 1917년 화재로 소실된 후 1921년 복구되어 지금에 이른다. 17세기 이후 창덕궁이 실질적인 법궁이 되면서 왕과 왕비의 처소로 약 250년간 사용되었으며, 조선 후기 왕실 역사의 중심 무대 중 하나가 되었던 전각이다.

대조전 건물의 특징은 지붕에 용마루를 두지 않은 것인데 이를 '무량각(無梁閣)'이라 한다. 조선 시대 궁궐의 많은 건물 중 이처럼 용마루가 없는 전각은 대조전 외에 경복궁의 강녕전과 교태전, 창경궁의 통명전이다. 용마루가 없는 이유에 대해서는 확실하지 않지만 두 가지 이야기가 전해진다. 우선 왕비 침전의 경우 새로운 용이 만들어지기 때문에 한 건물에 두 용이 있을 수 없어 용마루를 만들지 않았다는 이야기가 있다. 그러나 당시 동아시아 최선진국이었던 중국의 건축양식을 모방했으나 조선에 익숙하지 않은 건축양식을 모든 건물에 적용하기 어려워 가장 존귀한 왕과 왕비의 집에만 선진 건축 기술을 적용했다는 설이 보다 설득력을 얻는다.

정월 초하루와 동짓날 그리고 왕비의 생일 때 내명부(內命婦)와 외명부(外命婦)가 대조전 마당에서 축하하는 조하를 올렸는데, 이에 관한 절차는 『국조오례의(國朝五禮儀)』에 상세히 규정되어 있다. 대조전은 혼례 시 동뢰연(同牢宴)의 장소로 활용되었다. 동뢰연은 신랑과 신부가 처음 마주 앉아 술잔을 나누는 행사로 혼례의 마지막 절차이다. 11세에 즉위한 순조, 8세에 즉위한 헌종, 19세에 즉위한 철종은 대조전에서 동뢰연을 거행했다. 또한 대조전에서 성종, 인조, 효종, 철종, 순종 등이 승하하였으며 효명세자가 이곳에서 태어났다.

대조전 오른편 흥복헌(興福軒)에서 1910년 경술국치(庚戌國恥) 당시 마지막 어전회의가 열렸다. 이때 순종 황제 계비 순정효황후(純貞孝皇后, 1894~1966)는 우리나라의 국권이 일제로 넘어간다는 소문을 접하고 국새를 치마 속에 감추었다가 인척들에 의해 강제로 빼앗겨 병탄조약이 강제로 날인된 가슴 아픈 일화가 전해온다.

순정효황후(純貞孝皇后, 1894~1966)는 조선 제27대 왕인 순종비이며, 대한민국의 처음이자 마지막 황후이다. 친일파들이 순종에게 합방 조약에 날인할 것을 강요하자 옥새를 치마 속에 감추고 내놓지 않았으나 백부 윤덕영에게 강제로 빼앗겼다는 일화가 전해진다. 국권 피탈 후 이왕비 전하로 강등되고, 순종이 후사 없이 죽은 후 불교에 귀의하여 대지월이라는 법명을 받았다고 한다.

<大造殿花> 대조전에 피어난 꽃 송이 김범중

온갖 꽃 만발한 화계 앞 아름다운 무량각

지금도 비빈의 떠들썩한 웃음소리 들리는 듯.

노도처럼 밀려오는 외세 속에

왕후의 애국심 한 떨기 지지 않는 꽃이 되었어라.

階前無欄閣, 王后笑聲哇. 계전무려각, 왕후소성와.

外勢如濤到, 丹心一永花. 외세여도도, 단심일영화.

다. 궐내각사

궁궐에는 신료들이 임금을 보필하며 국사를 돌보는 공간인 궐내각사(闕內各司)가 있다. 오늘날 정부종합청사라 할 수 있다. 반면 궁궐 밖에 있는 관청은 궐외각사(闕外各司)라 하는데 경복궁의 경우 '육조거리'라 하여 의정부, 육조, 한성부 등 주요 관청이 있었고, 창덕궁도 돈화문 밖에 비변사, 종부시 등 관청이 있었다.

창덕궁의 궐내각사는 인정전을 중심으로 동쪽과 서쪽에 각각 자리잡고 있었다. 현재 인정전 동쪽 궐내각사에는 어차고로 쓰였던 빈청(賓廳) 외에는 남아있지 않다. 내각(內閣: 奎章閣, 摛文院), 옥당(玉堂, 弘文館), 예문관(藝文館), 약방(藥房, 內醫院) 등 건물이 인정전 서쪽에 있다.

▌규장각

규장각(奎章閣)은 1776년 정조가 즉위하면서 역대 임금의 글, 글씨, 그림, 인장 등을 보관하기 위하여 후원(後苑)에 세운 주합루에 설치되었다. 정조는 붕당정치의 폐단을 극복하기 위해 탕평책을 강력하게 추진하는 한편 인재를 양성하여 자신의 친위세력으로 삼아 조선 후기 사회를 중흥시키고자 했다. 실제로 여기서 배출된 많은 인재가 조선 후기 사회의 변화를 이끈 주역으로 활약했다. 그러나 규장각의 위치가 너무 멀어 관원들이 임금을 보필하는 데 어려움이 있다는 이유로 1781년(정조 5년) 현재의 자리에 지었다. 이 건물은 일제에 의해 창덕궁의 주요 건물이 훼철(毁撤)되었을 때 없어졌다가 최근 복원되었다.

규장각 전경

규장각은 내각(內閣), 혹은 이문원으로도 불렸는데 세종 때 집현전, 성종 때 홍문관과 더불어 조선의 대표적인 학술연구기관으로 정조 시대 조선의 문예부흥을 이끌었던 연구기관이기도 했다. 규장(奎章)이란 "임금의 시문이나 글씨"라는 뜻이다. 규(奎)는 천체의 대표적인 별자리인 28수(宿) 중 하나로 문운(文運)을 주관한다고 알려져 있다. 여기에서 유래하여 규(奎)는 문장(文章)을 상징하는 글자로 쓰이게 되었으며, 특히 임금의 글이나 글씨를 미화하는 뜻을 가지게 되었다.

규장각의 부속 건물로는 검서청과 책을 보관하던 창고인 책고, 봉모당 등이 있다. 검서청은 규장각 왼편에 자리하고 있으며, 검서관들의 사무실로 쓰였다. 검서란 책을 살핀다는 뜻으로, 정조 때 규장각을 만들며 검서관이란 직책을 두었다고 한다. 이 건물은 일제에 의해 훼손되었다가 최근 복원되었다.

▌ 옥당(玉堂, 홍문관)

옥당은 옥같이 귀한 집이라는 뜻이며, 홍문관의 다른 이름이다. 홍문관은 경서(經書)를 비롯한 각종 서적을 관리하고 임금의 자문을 담당하는 학술 자문기구이자 사헌부, 사간원과 함께 임금께 바른말을 올리는 간쟁의 기능을 수행할 만큼 정치적으로 중요한 위치에 있었다. 홍문관은 조선 초기의 집현전에서 비롯되었는데, 세종은 집현전 기능을 크게 확장하여 인재를 양성하고 백성을 위한 여러 정책을 펼침으로써 조선왕조의 기틀을 다져놓았다. 그러나 단종을 폐위하고 왕위를 찬탈한 세조의 집권을 반대하던 사육신들이 주로 집현전 학사 출신이었으므로 세조에 의해 폐지되었다가 같은 시기에 홍문관이라는 이름으로 부활되었다. 하지만 홍문관은 세조의 왕권 강화에 의한 전제정치로 인해 본래의 기능을 수행할 수 없었다. 그러나 성종 때 다시 그위상이 높아지면서 홍문관은 기존의 학문연구에 감찰, 언론의 기능을 담당하는 등 정치적으로 중요한 기능을 수행하게 되었다.

옥당 전경

옥당(玉堂)은 청요직(淸要職)의 상징으로서 "출세가 보장되는 인재들이 모인 집, 또는 국가의 중요한 업무를 담당하는 집"이라는 뜻에서 붙여진 이름이다. 궁전의 미칭으로도 쓰였는데, 중국 한나라 때 궁전이름으로 쓰이기도 했다. 『한서(漢書)』 「이심전(李尋傳)」의 주석에 "옥당전은 미앙궁에 있다(玉堂殿在未央宮)."라고 하였다. 옥당은 중국에서는 송나라 이후로 한림원의 별칭으로 쓰였다.[25]

▌ 예문관(藝文館)

예문관

예문관은 임금의 명령을 담은 문서를 작성하거나 사초를 작성하여 실

---

25) 50쪽

록 편찬의 기초 자료를 보관하는 관청으로, 그 중요성으로 인해 인정전 서쪽 행각의 숭범문과 향실 사이에 자리 잡고 있다. 예문관의 우두머리는 대제학으로 홍문관과 더불어 예문관 대제학 역시 정2품이며, 글 잘하는 신료들 가운데서 임명되었다. 예문관 대제학 역시 신료의 문장력을 평가함으로 홍문관의 대제학과 더불어 당대의 선비라면 한 번쯤 지낼만한 관직으로 여겨졌으며, 의정부의 영의정을 지내는 것보다 홍문관이나 예문관의 대제학을 지낸 이를 더 명예롭게 여겼다고 한다. 본래 예문관은 1811년(순조 11년) 화재로 인해 사료와 서적이 모두 소실되었다는 기록이 있으며, 현재의 건물은 최근에 복원된 것이다.

▌약방(藥房)

약방은 내의원으로서 궁중 의료기관이다. 약방은 약을 만드는 방이라는 뜻으로 내국·내약방·약원 등으로 불리기도 했다. 최근 유네스코 기록유산으로 등재된 『동의보감(東醫寶鑑)』이라는 의서로 잘 알려진 명의 허준(許浚, 1546~1615)도 내의원에서 근무하며 선조를 곁에서 모시며 최고의 어의로 활약했다. 내의원은 기본적으로 임금을 비롯한 왕족의 건강을 보살피는 것을 주 업무로 하여 외상을 입은 환자의 긴급 처치나 산기가 있는 비빈들에 대한 분만과 관련된 일을 맡기도 했다. 왕실 가족의 건강을 지키는 막중한 위치에 있기에 약방, 즉 내의원을 감독하고 책임지는 관리인 도제조와 제조는 5일마다 의관을 거느리고 임금께 문안하고 진찰받기를 청했다. 또한 임금의 음식, 보약 등과 관련한 업무도 보살폈다.

조선 시대 의관의 신분은 기본적으로 중인 신분이었으므로 내의원 우두머리는 중인의 몫이 아니라 고위 문신의 몫이었다. 도제조·제조·부제조가 내의원의 우두머리를 이루며, 그 가운데 도제조와 제조는 2품 이상 고위 대신이 겸했고, 부제조는 임금의 비서인 승지가 겸임하여 업무를 지휘 감독했다. 한편 내의원에는 의관 이외에도 의녀가 있어 남자 의관에게 진찰받기 어려운 여성들의 진료를 담당했는데, 한때 드라마의 주인공으로 인기를 모았던 『대장금』의 장금이도 궁중 의녀라 볼 수 있다. 1910년 우리나라의 국권이 일제에 의해 강탈된 후 이곳 내의원은 창덕궁 동쪽에 자리한 성정각(誠正閣)으로 옮겼는데, 성정각을 내의원으로 부르기도 했다.

▌선원전(璿源殿)

선원전은 궐내각사에 있는 진전(眞殿) 영역으로 임금의 초상화, 즉 어진을 모신 전각이다. 진전은 왕실에서 가장 신성시할 만큼 중요하게 여겼던 공간이다. 임금의 초상화는 어진 이외에도 성용(聖容)·어용(御容)·왕상(王像)·어영(御影)·수용(睟容)이라고도 불렸다.

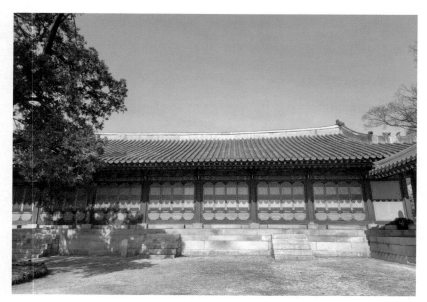

구선원전 전경

'선원(璿源)'은 왕실의 뿌리이다. 『구당서』의 「열전·공의 태자 소」에서 유래했다. 글자 뜻을 그대로 풀이하면 "아름다운 옥[璿]의 뿌리[源]"로, 왕실을 옥에 비유하여 '구슬의 근원 또는 구슬 같은 뿌리'란 의미로 사용한 듯하다.[26]

임금의 어진을 모시는 진전의 역사는 고려 시대부터이다. 개경 도성 안의 경령전(景靈殿)과 왕릉 인근 사찰에 별도의 전각을 지어 임금과 왕비의 어진을 봉안하여 제례를 올린 것에서 시작되었다고 한다. 조선

---

26) 네이버지식백과

시대에도 고려 시대의 전통을 본받아 임금의 초상화인 어진을 모시는 전각을 마련했는데, 창업 군주인 태조의 초상화를 모신 진전이 서울의 경복궁을 비롯해 개성, 영흥, 전주 등 전국 여러 곳에 있었다. 특히 임진왜란, 병자호란 이후 왕권 강화 차원에서 진전 건립이 활발해져 도성 안에도 영희전(永禧殿)과 같은 진전이 건립되었다. 창덕궁의 선원전도 이러한 배경 속에 만들어진 궁궐의 진전이다.

조선 후기 순조 대에 유본예(柳本藝, 1777~1842)가 지은 『한경지략(漢京識略)』에 의하면 "종묘는 외조(外朝), 선원전은 내조(內朝)를 상징한다"는 기록이 있다. 이것은 선대 임금을 모신 신성한 곳으로, 왕실의 정신적인 지주로 삼은 공통점이 있으나 종묘가 위패를 모시고 신에 대한 도리로서 역대 왕을 섬기는 것과 달리, 선원전은 어진을 모시고 다과나 음식으로 차례를 지냄으로써 역대 선왕을 섬기는 것에 차이를 보이고 있다.

선원전은 창덕궁 이외에도 경복궁과 경운궁에도 있었는데 경복궁과 경운궁의 선원전은 일제에 의해 모두 사라졌고, 창덕궁에 있는 두 곳뿐이다. 창덕궁 내 또 하나의 선원전은 서북쪽 깊숙이 자리하고 있는 신선원전이라는 이름의 건물로 두 건물을 쉽게 구분하기 위해 구선원전, 신선원전이라 부르고 있다. 구선원전은 효종 7년(1656년)에 경덕궁, 즉 경희궁에 있던 경화당을 헐어 인정전 서쪽에 짓고 '춘휘전(春暉殿)'이라 불렸다. "숙종 21년(1695년)에 '선원전'이라 개명하고 숙종의 어진을 봉안하게 된 것이 계기가 되어 이후 숙종, 영조, 정조의 어진을

봉안하고 있다".[27]

한편 신선원전은 일제 강점기인 1921년에 건립한 것인데, 본래 중국 명나라가 임진왜란 때 조선을 도와준 은혜에 감사하기 위해 숙종 대에 세운 기념 제단인 대보단이 자리하고 있었다. 일제는 이를 헐어내고 1921년에 신선원전을 세우며 경운궁 선원전에 있던 태조, 세조, 원종(추존), 숙종, 영조, 정조, 순조, 문조(익종) 헌종, 철종, 고종, 순종 등 12점의 어진을 옮겨 봉안했다. 그러나 한국전쟁이 일어나던 해 1950년 부산으로 옮겨졌다가 화재로 인해 대부분 소실되었다.

선원전 앞 측백나무

----

27) 『궁궐지 1』, 103쪽

구선원전 주변에는 노령의 측백나무와 향나무가 있다. 측백나무는 마치 선원전 앞에 서서 선원전을 지키고 있는 듯하며, 향나무는 선원전에 향을 피워 선원전을 더욱 신성한 곳이 되게 하는 듯하다. 향나무는 천연기념물로 지정되어 보호받고 있다.

측백나무는 동양 문화권에서 충의와 절개를 상징하는 나무로 알려졌다. 중국 한나라 무제는 측백나무의 품위 있는 모습을 보고 선장군(先將軍)이란 벼슬을 내렸고, 당나라 여황제 측전무후는 5품의 대부(大夫) 벼슬을 주었다. 중국 고궁에 많이 식재했으며, 특히 감찰기관에 심어 어사대를 백대라 하였고, 사헌부를 백부라 부르기도 하였다.

중국 주나라 때 묘지에 심는 나무의 수종을 정해서 식재했다고 하는데, 임금의 능에는 나무 중 으뜸인 소나무를 심고, 제후의 무덤에는 측백나무를 심었다. 그만큼 측백나무를 소나무 다음으로 중요하게 여겼으며, 제갈공명의 묘역에도 이 나무를 심었는데 제갈공명은 촉나라 승상(재상)으로 제후의 대접을 받았던 것이다. 54세에 죽어 그의 묘역에 54그루의 측백나무를 심었다고 한다.

〈殿柏〉 궁궐의 측백나무 김범중

전각들 사이 한 그루 측백나무
일찍이 입궁하여 벼슬 받았다네.
엷은 비늘 옷 입고 천년 사직 지키니

어찌 그 충심 끝이 있으랴.

隔殿留孤栢, 已來受仕宦. 격전류고백, 이래수사관.

着鱗持社稷, 何以有無端. 착린지사직, 하이유무단.

선원전 앞 향나무

〈香木〉 향나무 김범중

진전 옆 신령스러운 향나무

궁궐 바라보며 천년을 산다네.

세상을 향해 향을 뿜어내니

殿側留靈樹, 望宮樂萬年. 전측류영수, 망당낙만년.
發香供世上, 老客若神仙. 발향공세상, 노객약신선.

　향내는 부정을 없애고 정신을 맑게 함으로써 천지신명(天地神明)과 연결하는 통로로 생각하여, 예부터 모든 제사 의식 때 제일 먼저 향을 피웠다. 그래서 향나무는 신과 인간을 이어 주는 매개체이자 부정을 씻어주는 신비의 나무로 사랑받아 왔다.

　"향나무는 고대 바빌로니아와 중국에서 주로 사용되었는데, 우리나라에는 6세기 초 신라 눌지왕(訥祗王) 때 중국 양나라 사신에 의해 전래되었다고 한다. 아무도 그 용도를 몰랐으나 고구려 승려 묵호자(墨胡子)가 알려주었다. 마침 공주가 병을 앓고 있었는데 묵호자를 불러 향을 피우고 제를 올리니 병이 곧 나았다. 왕은 매우 기뻐하여 묵호자에게 흥륜사(興輪寺)라는 절을 지어 주고 불법을 전파하게 했다고 한다".[28]

---

28) 『궁궐의 우리 나무』, 280쪽

라. 동궁(東宮) 권역

동궁 영역은 궁궐 동쪽에 있는 세자를 위한 별도의 공간인데 춘궁(春宮)이라고도 불렀다. 동(東)은 사시(四時)로는 봄을 의미한다. 봄은 일 년 사계절의 시작이며 새로운 것을 의미함으로 춘궁은 동궁과 같은 의미이다. 이 영역의 핵심 전각은 성정각이다. 성정각 뒤로 관물헌, 동쪽에는 중희당이 있던 자리와 칠분서, 삼삼와, 승화루 등이 이어져 있다.

▌ 성정각(誠正閣)

성정각(誠正閣)은 희정당 동남쪽에 있는 왕세자의 공부방이었다. 이름은 『大學(대학)』에서 유래되었으며, 성의(盛意), 정심(正心)에서 앞글자를 따서 지었다. 즉 성심성의껏[誠], 바른[正] 마음으로 열심히 공부하라는 뜻이다. 건축연대는 정확하지 않으나 영조 대 『승정원일기(承

政院日記)』[29]에 기록이 있는 것으로 보아 숙종 대에 건립된 듯하다. 성
정각(誠正閣)은 세자가 학자들과 함께 유교 경전을 공부하며 서연(書
筵)을 열던 곳이다. 임금도 이곳에서 경연을 열었다고 한다.

성정각

성정각(誠正閣)의 남면에 보춘정(報春亭), 동쪽 면에는 희우루(喜雨
樓)라는 현판이 각각 걸려있어 마치 한 건물이 두 개의 이름을 가진
전각처럼 보인다. 보춘이란 "봄이 옴을 알린다"는 뜻이며, 희우는 "비
가 내려 기쁘다"는 뜻이다. 기쁨을 주는 비 또는 오랜 가뭄 끝에 내리

---

29) 『승정원일기』 1725년(영조 1년 3월 19일): 備忘記, 昌慶之東, 有一小齋, 卽孝廟胄
筵之所也.今爲春宮開筵之堂, 因其便近, 定於此處, 豈不美歟? 追惟昔年, 又戒今日, 銘
其齋曰莊敬閣, 昌德之南, 誠正閣也…

는 반가운 비라는 뜻으로 농업국가인 조선에서 농사와 비의 관계가 얼마나 중요한가를 단적으로 보여주는 것이다.

보춘정

희우루

관물헌(觀物軒)

관물헌(觀物軒)은 성정각 동북쪽에 있는 건물이다. 정조 연간에 지어진 것으로 추정된다. 관물의 뜻은 "만물[物]을 보고[觀] 그 이치를 깊이 연구한다."로 중국 북송의 사상가 소옹(邵雍, 1011~1077) 「觀物」편에서 인용했다. 「동궐도」에는 '유여청헌(有餘淸軒)'이라 표시되어 있는데, 이는 "넉넉하고 맑은 마루"란 뜻이라고 한다. 건물 정면에 '즙희(緝熙)'라는 편액이 걸려있는데 "계속하여 밝게 빛난다."라는 뜻으로 고종이 13세 때 쓴 어필이다. 관물헌은 임금이 경연을 열거나 신하들을 접견하는 장소로 활용되었는데, 고종 초기에 흥선대원군이 이곳에 자주 머물며 신료들을 접견했다는 이야기가 전한다. 1874년 순종 황제가 이곳에서 태어났다.

관물헌 정경

1884년(고종 21년) 김옥균(金玉均, 1851~1894) 등이 주도한 개화당의 갑신정변이 관물헌에서 일어났다. 개화당은 고종을 관물헌에 모시고 자신들의 전략적 거점으로 활용하며 청나라 군대와 대치했다. 결국 3일 만에 실패로 끝났고, 고종은 창덕궁에서 경복궁으로 이어했다.

효명세자가 지은 「관물헌사영시(觀物軒四詠詩)」가 『궁궐지』에 전한다.

⟨右春花[30]⟩ 춘화를 읊다 효명세자(1809~1830)

소나무 빽빽하고 하늘은 낮은데
수많은 꽃송이 화루와 나란하다.
녹음은 뜰에 가득하고 광풍이 불어오니
아름다운 새 때때로 울다 그치다 하네.

松翠森森天宇低, 萬葩千朶畵樓齊. 송취삼삼천우저, 만파천타화루제.
綠陰滿砌光風轉, 好鳥時時歇又啼. 녹음만체광풍전, 호조시시헐우제.

　함양문 앞에 있었던 중희당(重熙堂)은 1782년(정조 6년) 정조와 의빈 성씨 사이에 태어난 아들 문효세자를 위해 건립되었다. 「동궐도」에 중희당 앞마당에 많은 과학기구가 설치된 것으로 보아 당시 세자의 교육을 위해 임금이 상당히 노력했음을 알 수 있다. 문효세자가 세상을 떠나자 정조는 이곳을 성정각 등과 더불어 편전으로 삼아 활용했으며, 효명세자가 이곳에서 제왕학을 공부하다가 대리청정에 임하기도 했다. 또한 헌종이 승하한 곳이 중희당이며, 고종 때 없어졌다고 한다. 지금은 주춧돌을 놓았던 흔적이 시절의 애환을 말하듯 남아있다.
　중희당 터 옆에는 삼삼와, 칠분서, 승화루 등 건물이 있는데 모두

---

30) 『궁궐지 1』, 94쪽, 44쪽

중희당과 연결된 건물이었다. 승화루는 후원의 주합루와 비교된다고 해서 작은 주합루 혹은 소주합루라고도 불렸다. 이곳은 서책을 보관하던 도서관으로 활용되기도 했다.

성정각에 핀 살구꽃과 홍매화

〈誠正閣春〉 성정각의 봄 김범중

한때 세자의 글 소리 요란했던 전각

인적 없이 이따금 바람만 적막감을 더하네.

관물헌은 삼일천하³¹ 애달프다는데

---

31) 三日天下(삼일천하): 1884년 12월 4일 김옥균 등 개화파가 정변을 일으켰으나 12월 6

시절을 아는 매화꽃 성정각을 물들이네.

音聲世子震天空, 無跡只風穿寂宮. 음성세자진천공, 무적지풍천적궁.
觀物哀凄三日世, 感時梅葉染軒紅. 관물애처삼일세, 감시매엽염헌홍.

성정각 자시문(資始門) 옆에는 담장을 끼고 노령의 홍매화 나무와 살구나무가 나란히 서있다. 봄이 되면 화사한 꽃을 피워 서로 경쟁하며 관람객을 부른다. 특히 홍매화는 승화루 앞 홍매화와 짝을 이루며 수많은 관람객에게 카메라 세례를 받는다.

매실나무의 원산지는 중국 양쯔강 하류로 알려졌다. 우리나라에는 삼국시대 이전부터 매화나무가 있었다는 기록이 있으며, 매화 문화가 꽃피기 시작한 것은 조선 시대부터라고 한다.

매화는 예부터 매(梅), 란(蘭), 국(菊), 죽(竹)의 사군자에 속하여 덕망과 학식을 겸비한 군자를 상징하는 선비의 꽃으로 알려졌다. 또한 소나무[松], 대나무[竹]와 함께 세한삼우(歲寒三友)에 속하는 나무이다.

한자 梅에 어미 '母' 자가 들어있는 것은 매실나무는 어머니가 되는 것을 암시하는 나무라는 뜻으로, 매실은 맛이 시기 때문에 임신한 여인이 신맛 나는 과일을 좋아해 이를 상징한다고 한다. 『삼국지(三國志)』

일 청군(淸軍)의 개입으로 실패한 사건

에서 조조는 안휘성 전투에서 갈증에 지쳐 쓰러진 군사들에게 "고개 넘어 매실 밭에 가서 매실을 따먹고 쉬었다 가자."라고 하자 갈증에 지쳤던 군사들의 입에 침이 고여 해갈되었다고 한다. 이것이 사자성어 "망매해갈(望梅解渴)", "매림지갈(梅林之渴)"의 유래라고 한다.

중국 고서 『시경(詩經)』에 "꽃 중에 매화, 이화(李花)가 으뜸(花魁)이다."라고 했을 만큼 매화는 모든 꽃 중에서 가장 빨리 피며 가장 사랑을 받는 꽃이다. 조선 후기 원예학자 유박(柳璞, 1730~1787)이 지은 『화암수록(花菴隨錄)』에는 화목구등품제(花木九等品制)라 하여 꽃과 나무를 9등급으로 나누었는데, 높은 풍치와 뛰어난 운치를 취한 것으로 매화, 국화, 연꽃 그리고 대나무 순으로 꼽았다.

매실나무는 살구나무와 꽃이 피는 시기, 꽃 모양과 잎, 열매가 유사하여 구별이 어렵다. 매화는 백매·청매·홍매로 그 꽃을 구분하는데 백매는 살구꽃과 더욱 유사하다.

옛 중국에서는 "강남 북쪽에서는 매화나무이지만, 강북에서는 살구나무가 된다."라는 말이 있다. 마치 "귤나무가 회강(양쯔강과 황하강 사이에 있는 강)을 넘어 북쪽으로 가면 탱자나무가 된다(橘化爲枳)"는 말이 있듯이, 귤과 탱자 열매가 비슷한 것처럼 매화꽃과 살구꽃이 비슷해 유전적으로 가까운 근연종이라는 의미이다.

【귤화위지(橘化爲枳)】

옛 중국 제나라 재상 안영이 초나라의 왕을 만나러 갔을 때 안영의 기를 꺾기 위해 제나라 출신 도둑을 잡아놓고, "당신 나라 사람들은 도둑질하는 버릇이 있는 모양이다."라고 비아냥거렸다. 이에 안영은

"귤나무가 회수(淮水) 남쪽에서 자라면 귤이 열리지만, 회수 북쪽에서 자라면 탱자가 열린다고 합니다. 저 사람도 초나라에 살았기 때문에 도둑이 됐을 것입니다."라고 응수했다.

조선 중기 문신 신흠(申欽, 1566~1628)은 그의 시에서 "매화는 일생 추위도 향기를 팔지 않고, 오동은 천년이 지나도 가락을 잃지 않는다(桐千年老恒藏曲, 梅一生寒不賣香)"라고 했듯이 매화는 청빈과 절개의 표상으로 여겨졌다.

매화를 유난히 좋아했던 퇴계 이황은 매화 시 90편을 지어 시집을 발간했다.

＜梅窓[32]＞ 매화 핀 창가에서   이황(李滉, 1501~1570)

누렇게 바랜 옛 책 속에서 성현을 대하며

비어 있는 방안에 초연히 앉았노라.

매화 핀 창가에서 봄소식을 다시 보니

거문고 마주 앉아 줄 끊겼다 한탄 마라.

---

32) 『退溪先生文集卷之二』

黃卷中間對聖賢, 虛明一室坐超然.

황권중간대성현, 허명일실좌초연.

梅窓又見春消息, 莫向瑤琴嘆絶絃.

매창우견춘소식, 막향요금탄절현

승화루 앞 홍매화

〈誠正閣紅梅〉 승화루 홍매화 김범중

꽃샘추위 이겨낸 연약한 꽃봉오리

아가씨 얼굴 되어 수줍은 듯 살며시 나왔네.

그윽한 향 관람객 눈길을 독차지하니

시샘하던 꽃나비도 춘향에 취해 넋을 잃네.

小蕾過春冷, 回顔若女羞. 소뢰과춘냉, 회안약여수.

暗香招客眼, 猜蝶失魂僖. 암향초객안, 시접실혼희.

마. 낙선재(樂善齋) 권역

낙선재 일원

　　성정각에서 동쪽으로 약간 내리막길을 따라가면
왼쪽에 높은 담장 넘어 승화루 지붕이 살짝 보이고 조금 더 가면 거대
한 살림집 같은 건물들이 눈앞에 나타난다. 이곳이 낙선재(樂善齋) 권
역이다. 오늘날 수강재·석복헌·상량정을 포함한 일대를 낙선재라 부
르고 있으나 본래 사랑채 본 건물만을 가리켜 낙선재라 불렀다. '낙선

(樂善)'의 뜻은 "선을 즐긴다."이다. 『맹자』에 나오는 "인의(仁義)와 충신 (忠信)으로 선을 즐겨 게으르지 않은 것[不倦]을 천작(天爵)이라고 한 다."라는 말에서 유래했다고 한다. 낙선재 현판 글씨는 청나라 문인 섭 지선(葉志詵, 1779~1863)의 글씨라고 한다. 정면 툇마루 안쪽 오른편 칸에 '보소당(寶蘇堂)'이란 현판이 걸려있는데 이는 헌종의 당호이기 도 하며, "소식(蘇軾, 소동파, 1037~1101, 중국 북송 시인)을 보배[寶]처 럼 여긴다."라는 뜻이라고 한다. 헌종이 소식을 많이 흠모했음을 엿볼 수 있다. 낙선재 영역에 원래 동궁 건물 중 하나인 낙선당이 있었는데, 1756년(영조 32년)에 불에 타 소실된 후 재건되지 않았다고 한다.

장락문

낙선재의 모든 건물은 후원의 연경당처럼 단청하지 않은 일반 사대 부가와 비슷한 구조다. 이것은 헌종이 평소 검소함을 좋아하여 낙선재 를 지으면서 건물에 단청하지 말 것을 명했기 때문이다. 입구의 장락문(長樂門)은 신선이 사는 공간으로, 문을 들어서면서 즐거움이 오랫동안 이어지라는 뜻이 있다고 한다. 현판은 흥선대원군이 직접 쓴 글씨이다. 장락문의 문지방에 홈이 파여있는데, 이것은 관헌들이 타고 다니던 바퀴 달린 초헌(軺軒)이 드나드는 자리이다.

헌종은 낙선재에, 경빈 김씨는 낙선재 옆 석복헌에 머물렀는데, 1849년 헌종이 승하한 후 경빈 김씨가 낙선재를 떠나 낙선재는 한동안 비어있었다. 갑신정변 직후 고종이 잠시 이곳에 머물면서 "신하들과 외국 사신을 접견했다는 기록"[33]이 있다. 낙선재는 대한제국의 마지막 황실 가족이 1989년까지 살던 곳이므로 왕족이 살았던 최후의 거처이자 왕실의 마지막 전각이다.

▌ 낙선재(樂善齋)

본채인 사랑채 격에 해당하는 낙선재는 헌종이 머물면서 글 읽고 서화를 감상하는 공간으로 활용했는데, 학문을 좋아하는 헌종은 서화, 서책 등에 많은 관심을 가지고 명사들의 글이나 글씨를 수집하여 감상했다고 한다. 행랑에는 당대의 명필인 추사 김정희를 비롯하여 옹

---

33) 『고종실록 21권』 1884년(고종 21년) 10월 23일: 召見時原任大臣閣臣于樂善齋. 承候也.

방강, 섭지선과 같은 중국 석학들의 친필 혹은 서책들을 보관했다는 기록이 있어 헌종의 글 좋아하는 성품을 짐작할 수 있다. 본채의 마루 아래 얼음이 갈라지는 조각 형상인 빙렬(氷裂) 문양이 있는데, 이것은 아궁이는 불을 상징하고 얼음은 불과 상극인 물을 상징하므로 화재를 막겠다는 주술적인 의미를 담고 있다. 낙선재 담장에는 거북 등갑 모형의 육각형 문양이 새겨져 있다. 십장생, 즉 오래 사는 열 가지 동물 가운데 하나인 거북의 등갑 문양을 담장에 새김으로서 낙선재 주인과 그 가족들의 만수무강을 기원했음을 알 수 있다.

낙선재 전경

빙열과 담장의 거북 등갑 문양

낙선재는 고종의 아들 영친왕(英親王, 1897~1970) 이은이 60여 년의 볼모 생활을 마치고 일본에서 귀국하여 투병 생활을 해 오다 세상을 떠난 곳이다. 영친왕은 고종과 귀인 엄씨 사이에 태어나 1907년 순종이 황제에 오르면서 황태자에 책봉되었다. 영친왕은 그해 유학이라는 명분으로 약 60여 년 동안 일본에서 볼모 생활을 했다. 유학 생활 중 정치적인 목적에 의해 일본 황실의 인척인 나시모토 마사코(이방자 여사)와 강제로 결혼했다. 1963년 정부의 주선으로 귀국했지만, 건강이 좋지 않아 낙선재로 환궁하지 못하고 병원에서 투병 생활을 했다. 결국 1970년 5월 1일 낙선재에서 별세했다. 부인 이방자 여사도 남편이 세상을 떠난 지 19년 만인 1989년 낙선재에서 세상을 떠났다. 그녀는 1963년 일본에서 귀국한 이후 사회시설인 영휘원을 세우는 등 활발한 사회사업을 펼치다 1989년 4월 30일 88세로 낙선재에서 별세했다. 또한 영친왕의 둘째 아들인 황세손 이구 씨도 2005년 7월 일본의 한 호텔 방에서 생을 마감한 후 이곳 낙선재에 모셔져 장례 및 3년상을 치렀다.

█ 석복헌(錫福軒)

낙선재가 헌종 개인의 공간이라면 석복헌은 헌종의 후궁인 순화궁 경빈 김씨의 처소이다. 석복헌의 주인이자 헌종이 아끼고 사랑했던 경빈 김씨는 헌종의 첫 왕비인 김씨가 일찍 세상을 뜨고 맞아들인 후궁이다. 한편 석복헌은 1926년 순종의 승하로 대조전에서 물러 나온 순정효황후 윤씨가 1966년 승하할 때까지 처소로 썼다. 경술국치 때 국새를 치마 속에 감추었던 순정효황후는 영어, 피아노를 공부했을 만큼 서양 문물에도 관심이 많았다. 말년에 불교에 귀의하여 법호로 대지월이라는 칭호를 받았다고 한다. 1966년 2월 73세로 세상을 떠나 금곡의 유릉(순종황제릉)에 합장되었다.

석복헌 전경

석복헌은 전체적으로 보았을 때 ㅁ자 형태를 띠고 있으며 여느 여염집과 비슷한 소박한 구조다. 석복헌 건물 주변의 난간에 장수와 다산을 기원하는 호리병 모양을 새겨 넣어 여성의 공간임을 은은히 강조하고 있는 것이 특색이다.

■ 수강재(壽康齋)

수강재 전경

　수강재(壽康齋)는 헌종의 할머니인 순조의 비, 순원황후(純元王后)가 거처하던 곳이다. 본래 수강재 주변에 세종이 건립한 수강궁이 자리 잡고 있었으나 성종에 의해 창경궁으로 개축되었고, 그 자리에 정조 때 수강재라는 건물을 세웠다. 헌종의 아버지인 효명세자의 거처로 쓰이다가 헌종이 할머니인 순원왕후의 편안한 거처를 위해 낙선재를 창건하면서 수강재를 고쳐 지은 것이다. 건물의 기둥에 푸르고 붉은 흔적이 남아있는 것은 단청의 흔적이다. 이곳 역시 여성들의 공간이므로 주변에 장수, 다산을 기원하는 의미의 조각들이 새겨져 있다. 호리병 조각이나 포도 모양, 덩굴 모양, 박쥐 모양 등은 그러한 의미를 내포하고 있다.

수강재는 고종황제의 고명딸 덕혜옹주가 1962년 일본에서 귀국한 후 1989년까지 살았던 곳이다. 국권을 일제에 빼앗긴 지 2년째 되던 1912년 고종과 귀인 양씨(복령당) 사이의 고명딸로 태어난 덕혜옹주는 아버지 고종을 빼어 닮아 고종의 각별한 사랑을 받았다. 이복 오빠인 영친왕과 마찬가지로 덕혜옹주도 성장하면서 일제에 의해 볼모 생활을 하게 되고, 그 과정에서 정신질환까지 얻게 되었다. 대마도 도주의 후예와 정략결혼을 하게 되어 미사에(정혜)라는 딸을 두었으나 딸을 잃은 후 병세가 더욱 악화되어 정신병원에 입원하고 남편과 강제로 이혼당하는 수모를 겪었다. 1962년 정부 주선으로 고국에 돌아왔으나 이미 병세가 악화되어 줄곧 수강재에서 치료해 오다 1989년 78세로 쓸쓸히 일생을 마쳤다.

낙서재 화계에 피어난 봄꽃

낙선재 권역에 그밖에 한정당, 평원루, 취운정 등 건물이 있는데 지금은 모두 관람 제한 구역으로 묶여있다.

⟨日暮樂善齋⟩ 석양의 낙선재 김범중

궁궐 남쪽 따뜻한 곳에 터 잡아
성군은 황실의 요람을 지었다네.
무 단청 기둥에 나무 향이 배어나고
화계엔 사철 화려한 꽃이 피어나네.
담장의 거북은 천복을 누리라 하고
난간의 문양은 만년을 살라 하네.
석양빛에 소박한 전각 황홀한데
한 마리 두견새 소리 심금을 울리네.

午上溫和地, 賢君作玉堂. 오상온화지, 현군작옥당.

無丹金柱馥, 有季銀階芳. 무단금주복, 유계은단방.

壁黿祈千福, 欄紋禱萬光. 벽벽기천복, 난문도만광.

夕陽斜殿惚, 鵑叫運深腸. 석양사전홀, 견규운심장.

*午上: 남쪽 방향
*두견새[鵑]: 옛 중국 왕실과 관련된 슬픈 전설을 갖고 있는 새이다. 나라를 빼
  앗기고 추방당한 촉나라 망제가 고국으로 돌아가기 위해 절치부심했지만 결국
  뜻을 이루지 못하고 죽었다. 그 자리에 한 그루 나무(두견화)가 자라고 한 마리
  새가 밤마다 촉(蜀)나라를 날아다니며 목에서 피가 나도록 울었다는 전설의 새
  이다.

낙선재 화계에는 이곳 주인의 마음을 달래주려는 듯 봄부터 많은

꽃이 화사하게 피어난다. 특히 늦봄에 피는 모란은 우리 조상들이 좋아했던 꽃으로, 꽃잎이 화려하여 위엄과 품위를 갖추고 있는 꽃이다. 모란은 백화의 왕이라 할 만큼 아름다워 이름도 목작약·화왕·부귀화·낙양화 등 여러 가지이다. 모란은 중국이 원산지이며, 중국에서도 최고의 꽃으로 알아준다. 예부터 아름다운 여인을 상징하며 그림이나 시의 소재로 풍류의 멋을 상징하기도 하였다.

【선덕여왕과 모란】

당 태종이 붉은빛과 자줏빛·흰빛으로 그린 모란꽃 그림과 씨 3되를 신라에 선물로 보냈는데, 이것을 본 선덕여왕은 "이 꽃은 필시 향기가 없는 꽃이다." 하면서 뜰에 심게 했다. 신하들이 어떻게 그것을 아느냐고 묻자 "꽃을 그렸는데 나비가 없으므로 향기가 없다는 것을 알 수 있다."라고 말했다고 한다.

【측전무후와 모란】

중국 당나라 여제 측전무후는 겨울에 정원으로 꽃구경을 나갔다. 겨울에 꽃이 없음을 안 아부하는 부하가 "폐하의 명령만 있으면 꽃을 관장하는 신들이 즉시 명령을 따를 것입니다."라고 하여 다음 날 아침 모든 꽃이 예쁘게 피었는데 모란은 황제의 뜻을 거역하고 꽃을 피우지 않았다. 화가 난 황제는 정원의 모란을 모두 뽑아 낙양으로 추방해 버렸다. 이후 모란을 '낙양화'라 부르게 되었다고 한다.

〈寫牡丹[34]〉 모란꽃 그리기 김굉필(金宏弼, 1454~1504)

눈 속에 핀 찬 매화와 비 온 뒤 난초는
볼 때는 쉬워도 그리려면 어려운 것.
사람들 눈에 차지 않을 것 미리 알았더라면
연지를 쥐고 편안히 모란꽃이나 그릴걸.

雪裏寒梅雨後蘭, 看時容易畵時難. 설리한매우후란, 간시용이화시난.
早知不入時人眼, 寧把臙脂寫牡丹. 조지불입시인안, 영파연지사모란.

  이 시에서 김굉필은 재물을 밝혀 부자가 되고 높은 지위에 올라 영
화를 누리기보다는 지조 있는 선비가 되겠다는 의지를 역설적으로 표
현했다.

---

34) 네이버지식백과

3.
후원의 조성과 역사

창덕궁 후원은 중국의 이화원, 일본의 계리궁과 함께 아시아 3대 정원으로 불릴 만큼 한국 정원의 진수를 간직한 동양 최고의 왕실 정원이다. 후원은 명산인 북한산 자락인 북악산 응봉에서 뻗어내린 10만여 평에 이르는 구릉지에 조성된 조선 시대 궁궐의 정원 중 가장 넓고 아름다운 경치를 자랑한다.

「동궐도」(출처: 문화재청)

응봉은 명산 북악산의 동쪽에 있는 작은 봉우리이다. 조선 초기 응봉의 정남방에 북군영이라는 군부대가 있었고, 동남쪽에는 공자를 모신 문묘(文廟)가 자리 잡고 있었다. 후원은 북군영과 문묘 사이의 울창한 숲에서 남쪽으로 완만한 경사와 골짜기를 끼고 펼쳐진다.

응봉에서 크게 두 개의 물줄기가 내려오는데, 하나는 북군영에서 후원의 서쪽 경사지를 따라 금천교를 지나 돈화문 쪽으로 빠져나간다. 이 물줄기는 지형을 감싸는 맛이 미흡하고, 민가에서 바라다보이는 흠이 있는 반면 숲만 무성해 후원으로 쓰이지 않았다.

다른 물줄기는 응봉에서 동남쪽으로 흐르는데 골짜기에 물이 많이 흐르고, 주변이 작은 바위와 동산이 어우러져 아늑하고 깊은 정취를 만든다. 이곳이 창덕궁 후원의 핵심부이다. 물길은 큰 골을 이루며 남쪽으로 흘러내려 창경궁의 금천을 이룬다. 이 물길은 다시 큰 골짜기 세 개가 형성되는데 가장 남쪽은 골이 작고 가파르다. 지금의 부용지와 부용정, 주합루가 있는 곳이다. 여기서 언덕 하나를 넘으면 국이 넓고 평탄한 골이 나온다. 한때 어수당이 있던 곳이고, 현재 애련지와 애련정이 있으며 안쪽에 연경당이 자리 잡고 있다. 세 번째 골은 깊으면서 길고 아기자기한 맛이 있다. 관람지를 중심으로 주변에 관람정, 존덕정 등이 있다. 이 세 골짜기를 중심으로 오늘날의 후원이 형성되었다. 이 외에 후원 가장 깊은 곳에서 또 하나의 작은 물줄기가 바위틈을 흘러나와 동편의 문묘 앞 개울과 합류된다. 이 물줄기가 바로 옥류천이다. 옥류천을 따라 소요정을 중심으로 작은 정자들이 옹기종기 자리 잡고 있다.

창덕궁 후원은 인공을 최소화하고 자연 그대로의 숲과 바위가 어우러지고, 계곡에는 실개천이 휘돌아 흐른다. 자연이 주는 정취를 최대한 살리면서 주변에 작은 정자와 누각을 지어 자연과 건물이 조화를 이루도록 한 데 그 특징이 있다. 무엇보다 계절의 변화에 따라 달라지는 자연의 경승을 느낄 수 있도록 세심한 주의를 기울인 점이 돋보인다. 여러 곳에 분산되어 지어진 작은 정각(亭閣)들은 이런 계절의 변화를 만끽할 수 있도록 건물의 위치나 크기, 방향 등을 고려하여 배치되었다. 후원의 정원수가 계절의 변화에 무감각한 상록수보다 활엽수가 더 많이 식재된 것도 이러한 이유라고 짐작된다. 다만 약간의 소나무와 주목 등이 섞여 운치를 더해준다. 후원은 옛 기록에 의하면 후원 외에 금원(禁苑), 북원(北苑), 상림(上林), 비원(祕苑) 등으로도 불렸다. 최근에는 후원이라 부른다.

관람정

우리나라 길가나 해변가, 숲속 등에 수없이 많은 정자가 있다. 정자는 길손의 쉼터로서 안식처를 제공해 주기도 하지만 정자에서 읊었던 옛 선현들의 주옥같은 시문도 감상할 수 있다. 특히 창덕궁 후원의 정자에서 임금이 시를 많이 지었으며, 주련이 정각의 기둥마다 새겨져 있다. 주련에는 자연의 아름다움을 읊은 시구가 많으며, 주로 중국 당·송 대 유명한 시인의 시구가 많다. 또한 후원의 정자는 군신이 어울려 시문을 읊으며 놀던 풍류의 장소이기도 하다. 정자를 짓게 된 동기나 이름의 유래 등에 임금의 오묘한 철학적 사유가 배어있다.

〈尊德亭偶吟35〉 존덕정에서 우연히 읊다 숙종(1674~1720)

지당에 얼음 풀리니 봄물이 푸른데
붉은 고기 흰 고기 어울려서 노는구나.
한가한 마당에 일은 없고 날 또한 길기에
높은 난간에 기대어 조는 갈매기 짝하네.

氷解池塘春水綠, 赤魚時逐白魚遊. 빙해지당춘수록, 적어시축백어유.
閒廷無事初日永, 斜倚危欄伴睡鷗. 한정무사초일영, 사의위난반수구.

---

35) 『궁궐지 1』, 141쪽, 61쪽

＜暎花試士[36]＞ 영화시사   정조(1752~1800)

춘당대의 서일 속에 법가가 임어하니
선인장 아래에 청금들 빽빽이 섰네.
시원의 제공 글씨 누가 시험하는가
올리고 낮춤에 사사로움 없이 한결같아야지.

瑞日春臺法駕臨, 仙人仗下簇靑衿. 서일춘대법가임, 선인장하족청금.
誰知試院諸公筆, 昇降無私一乃心. 수지시원제공필, 승강무사일내심.

＜부용정 주련＞

푸르고 붉은빛이 어우러져 거울같이 맑은 물에 비치고
꽃과 잎 모두 향기로운 채 고운 발에 스며드네.
맑은 꽃잎은 삼천궁녀의 취한 듯한 볼이요
연잎에 맺힌 빗방울은 오백 나한의 둥근 염주로다.

翠丹交暎臨明鏡, 花葉俱香透畵簾. 취단교영임명경, 화엽구향투화렴.
晴萼三千宮臉醉, 雨荷五百佛珠圓. 청악삼천궁검취, 우하오백불주원.

---

36) 『궁궐지 1』, 125쪽, 56쪽

주련(柱聯)은 기둥이나 벽에 세로로 써 붙이는 문구이다. 기둥[柱]마다 시구를 연하여 걸었다는 뜻에서 주련이라 부른다. 좋은 글귀나 남에게 자랑할 내용을 붓글씨로 써서 붙이거나 그 내용을 얇은 판자에 새겨 걸기도 한다. 일반적으로 살림집 안채에는 안마당을 향한 기둥에 주련을 거는데 생기복덕(生氣福德) 등 소원하는 내용이나 덕담의 글귀를 담은 시구를 써서 건다. 사랑채의 기둥에는 오언이나 칠언의 유명한 시나 자작한 작품을 써서 건다. 한 구절씩 써서 네 기둥에 걸면 시 한 수가 된다.[37]

후원의 역사를 간략히 살펴보면 후원의 조성은 태종 5년(1405년) 10월 해온정(解慍亭)의 건축과 함께 시작되었다. 이어 세조 9년(1463년)에 연못을 파고 동쪽과 북쪽으로 담을 넓힘으로써 궁궐 정원의 토대를 만들었다. 그러나 1592년 임진왜란으로 건물이 전소되어 황폐화되었다. 이후 광해군 2년(1610년)에 창덕궁을 재건하면서 후원 복구도 이루어져 영화당 등 정각(亭閣)들이 다시 세워졌다. 인조 대에 들어와서 본격적으로 복구되었는데, 새로운 정자가 건립되고, 물길을 만드는 등 현재와 같은 큰 규모의 정원이 만들어졌다.

우선 인조 14년에 후원의 가장 북쪽에 옥류천을 조성하고 옥류천 주변에 소요정, 태극정, 청의정 등을 지었다. 정자 앞에 폭포를 만들었으며, 폭포 위 바위에는 인조의 어필로 전하는 '玉流川(옥류천)'이라

---

37) 『한국민족문화대백과』

는 글자가 새겨져 있다. 그 후에도 취규정, 취한정 등을 계속 지었다.

　이와 같이 인조 연간에는 후원 최북방의 조경이 이루어지고 그 외에도 존덕정, 폄우사 등 여러 곳에 새로운 정각(亭閣)이 건립되었다. 조선 후기에도 몇 차례의 건물 조성이 이어졌다. 우선 숙종 때에는 후원 북단 서쪽에 대보단이 설치되었고, 정조 원년(1776)에 주합루가 건립되었으며, 이어 부용정, 연경당, 관람정 등이 차례로 건립되었다.

〈讚苑〉 후원 예찬　김범중

응봉산 골짜기 열렸다 닫히기 반복하며
굽이굽이 계곡마다 꽃구름 피어나네.
푸른 하늘 흰 구름 세월을 안고 흐르고
연못의 연꽃은 하늘을 받들어 피었네.
옥당의 주련에는 시향이 배어나고
숲속 고색 정자는 옛이야기 불러오네.
부용정에 제신들 웃음소리 떠들썩하고
의두합 효명세자 글 읽는 소리 드높았으리.
각계인재 주합루에 모여 개혁을 논하고
대숲의 봉황은 주변에서 춤을 추었으리.
애련지 바람결에 연꽃 향기 날리니
승재정은 세상에 비경을 펼쳐 보답하네.

궁궐 곳곳이 왜구에 의해 훼손되었어도

사방에서 선조의 얼이 기틀을 지켰네.

산새 소리 바람 소리 어우러져

천하절경 만방에 전하네.

鷹峯山谷閉開連, 曲曲澗阿祥氣遷. 응봉산곡폐개연, 곡곡간아상기전.

碧昊白雲含歲月, 靑池紅葉捧皇天. 벽호백운함세월, 청지홍엽봉황천.

樘皮恍字帶詩馥, 林裏妙亭招古緣. 탱피황자대시복, 임리묘정초고연.

臣帝芙蓉留大笑, 孝明寄傲有吟磧. 신제부용류대소, 효명기오유음전.

人頭宙合論朝改, 鳳鳥筠篁展羽肩. 인두주합논조개, 봉조균황전우견.

花苾蓮塘吹上昊, 風光勝在見坤乾. 화필연당취상호, 풍광승재견곤건.

八方倭賊毀宮闕, 四面遺魂看柱椽. 팔방왜적훼궁궐, 사면유혼간주연.

禽語颯音常合徹, 寰中絶景轉諸仙. 금어삽음상합철, 환중절경전제선.

*鳳鳥(봉조): 봉조는 봉황(鳳凰)새로 성군이 세상에 나타나면 이에 응하여 나
온다는 새인데 봉은 암컷이고, 황은 수컷이다. 봉황은 대나무 열매만 먹고 살
며 이 새가 나타나면 천하가 태평해진다고 하는 상상 속의 새이다.

*乾(건): 8괘의 하나로 하늘 우주의 넓은 공간을 의미하며, 임금 남자를 의미
하기도 한다.

*寰中(환중): 온 세상, 천하

자연은 만물 생성의 원천이며 모든 이치의 근원이라고 할 수 있다.

국가를 경영하는 법도 자연법사상에서 나온 것이며, 공자가 야외에 행단을 만들어 제자를 가르친 것 역시 이러한 자연 속에서 자연과 합일된 자아실현을 위한 방편이 아니었을까? 『논어(論語)』에 "知者樂水, 仁者樂山, 知者, 動：仁者, 靜. 知者, 樂：仁者, 壽."란 말이 있듯이 자연의 산수 속에서 호연지기(浩然之氣)를 닦으며 임금으로서 심신을 단련하고 왕도를 수련하는 공간으로 활용했을 것이다. 많은 사람이 자연을 읊고 자연을 칭송한 이유도 경치의 아름다움만은 아니었을 것이다.

중국에도 한나라 이전으로 거슬러 올라가면 왕이 머무는 도성 인근에 사람의 출입을 금하는 방대한 수림대를 확보하여 왕이 말 달리며 사냥할 수 있는 공간을 확보했다. 도심의 인구가 늘어 이러한 수림대는 더 이상 유지하기 어려워 위진남북조시대가 되면서 궁궐의 후방에 소규모 수림대를 갖추어 사냥과 활쏘기가 가능할 정도로 축소되었다. 그 후 수·당 대에 궁궐의 일부로 내원 또는 금원이나 상림원(上林苑)으로 불리면서 이곳에 인공적인 연못이나 언덕과 정자 등을 꾸미게 되었다. 그러나 이렇게 축소된 형태의 후원에서도 사냥이나 활쏘기는 멈추지 않았다. 이것은 나라를 다스리는 통치자의 오랜 습관이었다.[38]

---

38) 『우리 궁궐을 아는 사전』, 221쪽

〈後苑四季〉 후원사계 김범중

응봉산 잔설 녹아 설중매 잠 깨우고
돌아온 까치 나뭇가지에 집짓기 바쁘네.
산수유 생강과 더불어 꽃봉오리 피어나는데
연못가 외로운 원앙 짝 찾아 배회하네.
애련지 연꽃 피어나 열반의 세계가 열리고
한나절 소낙비 그쳐 누각에 쌍무지개 뜨네.
연이은 동쪽 산등성이 단풍잎 고운데
서루를 넘어가는 한 마리 기러기 애달프다네.
앙상한 의두합 나뭇가지 새싹 돋아나고
떨어진 낙엽 귀근하여 옛 근심 사라지네.
삼라만상 순백의 휘장 두르니
동면 중인 제 생명 역시 윤회하리.

鷹峯殘雪覺冬梅, 雙鵲歸枝集柚苔. 응봉잔설각동매, 쌍작귀지집올애.
丘萸配薑昇朶笑, 池鴛沒伴索鴦裵. 구유배강승타소, 지원몰반색앙배.
愛蓮滿發三門展, 暴雨崲晴二鯢開. 애련만발삼문전, 폭우참청이후개.
東脊相逢丹杪秀, 西樓獨去黑鴻哀. 동척상봉단초수, 서루독거흑홍애.
禿梢倚斗有新腫, 落葉歸根無故欻. 독초의두유신종, 낙엽귀근무고애.
萬墅千溝繞白幌, 諸生春夢亦旋回. 만학천구요백황, 제생춘몽역선회.

*三門(삼문): 열반으로 들어가는 세 가지 해탈의 문. 공문(空門), 무상문(無相門), 무작문(無作門)

*落葉歸根(낙엽귀근): 잎이 떨어져 뿌리로 간다는 뜻으로 본래 자신이 태어난 곳으로 돌아간다는 관용구

부용지의 겨울

세월의 흐름에 따라 후원의 건물도 부침을 거듭해 왔다. 대부분 작은 규모의 단순하고 소박한 많은 건물이 언제 사라졌는지도 모르게 자취를 감추었다. 「동궐도」에 지금은 보이지 않는 많은 정자가 그려져 있고, 그중에는 정체를 알 수 없는 건물도 적지 않다. 특히 일제 강점기에 들어와 결정적으로 훼손되었다. 1907년 순종 황제가 창덕궁으로 이어한 후 나라의 실권을 장악한 일제는 창덕궁과 창경궁의 일부 전

각을 헐어내고 도로를 신설하는 한편, 후원의 춘당대를 없애고 백련지와 내농포를 고쳐 춘당지 연못을 만들었다. 또한 내농포 부근에 식물원을 만들고 영화당 앞에 철조망을 쳐 후원을 절반으로 나누어 일부는 창덕궁에서 일부는 창경궁에서 출입하도록 했다. 다행히 1970년대 말 후원을 적극 정비하여 수목과 물길을 정비하고 사람의 출입을 제한하여 더 이상의 훼손을 막을 수 있었다.

현재 창덕궁 후원은 응봉에서 흘러내리는 계곡과 연못 등을 중심으로 크게 네 개의 권역으로 나누어볼 수 있다.

첫째 부용지 권역
둘째 애련지 권역
셋째 관람지 권역
넷째 옥류천 권역이다.

가. 부용지 권역

　　　　　창덕궁 성정각을 지나 북쪽으로 올라가면 오른쪽
에 창경궁으로 들어가는 함양문이 나오고, 바로 후원으로 이어지는
돌담길이 관람객을 맞이한다. 좌우 돌담길은 후원을 향해 완만한 경
사를 이루며 숲으로 둘러싸여 있다. 마치 비밀의 숲을 지나면 신선의
세계가 나타날 것처럼 아름다운 비단을 두른 듯하다. 오른쪽 돌담은
창경궁과 경계를 이룬다.
　이 구역은 응봉에서 동남쪽으로 흐르는 세 개의 물줄기 중 가장 남
쪽에 있으며 골이 좁고 가파르다. 숲이 우거진 언덕길을 내려가면 사각
연못과 부용정, 영화당과 주합루 건물이 어우러진 한 폭의 그림이 눈앞
에 다가온다. 북쪽 언덕 위 주합루, 연못 남쪽의 부용정 그리고 동쪽의
영화당 등이 주된 경관을 이루고 있다. 주합루 동쪽의 제월광풍관, 서

쪽의 회우정, 서향각 그리고 연못 서쪽의 사정기비각이 포함되어 있다. 이 권역은 후원에서 가장 중심이 되는 지역으로 정조 시대를 전후한 시기에 꽃구경, 뱃놀이, 과거시험 등 공식·비공식 행사가 치러진 곳이다.

영화당 앞에서 바라보는 연못과 누각, 작은 정자들이 이루는 경관은 보는 사람들에게 저절로 탄성을 자아내게 한다.

영화당과 부용지 주변 일대가 지금과 같이 개방된 것은 일제 강점기부터이다. 영화당 건물의 측면에 행랑과 담장이 있어서 행랑을 출입하지 않고는 부용지 쪽으로 들어갈 수 없었다. 영화당 앞쪽에는 춘당대가 넓게 개방되어 있었고, 춘당대에서 과거시험을 치르면 영화당에서 임금이 이를 지켜보기도 하고 합격한 사람에게 상을 내리기도 했다. 지금은 영화당 앞 좌우로 높은 담장이 처져있어 마치 창경궁과 창덕궁의 경계 역할을 하고 있는 듯하다.

〈入後苑〉 후원에 들어가며 김범중

돌담길 좌우로 구불구불 이어진 숲속 길
신선의 세계가 언덕 아래 열리네.
산새들 날아와 지저귀고
상서로운 구름 누각을 가로지르네.

深林紆石道, 崗下有仙區. 심림우석도, 강하유선구.
野鳥飛來吟, 祥雲逝玉樓. 야조비래묘, 상운서옥루.

▌ 부용지(芙蓉池)

부용지 전경

숙길을 지나 좀 더 내려가면 조그마한 섬 풍경이 매력적인 부용지가 눈앞에 전개되는데, 맑고 푸른 사각 연못과 아름다운 소나무가 있는 둥근 섬이 먼저 눈에 띈다.

연산군 때에 서총대를 만들면서 처음으로 이곳에 연못을 꾸몄다고 한다. 숙종 때 연못을 대대적으로 수축하고 못가에 택수재(澤水齋)란 정자를 지었다. 정조대에 와서 다시 연못을 정비하고 택수재가 있던 곳에 부용정(芙蓉亭)이란 정자를 짓고 부용지라 불렀다. 부용지가 사면에 각을 이룬 연못이고 가운데 둥근 섬으로 이루어진 것은 하늘은 둥글고 높고 땅은 각을 이룬다는 천원지방(天圓地方)의 원리를 원용한 듯하다.

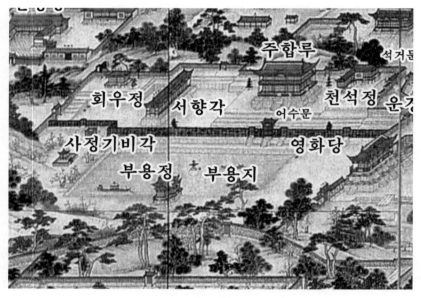

「동궐도」(출처: 문화재청)

「동궐도」에는 부용지에 놀잇배 한 척과 못을 관리하는 작은 배 한 척이 그려져 있는 것으로 보아 이곳에서 뱃놀이를 즐겼던 것으로 추측된다. 1795년 정조가 어머니 혜경궁 홍씨의 회갑연을 수원 화성에서 연 뒤 이곳에서 낚시를 즐겼다고 한다. 지금은 연못에 놀잇배는 보이지 않고 연잎이 무성하게 자라고 있어, 초여름 화사하게 피어난 연꽃을 바라보면 가히 해탈의 경지에 이른 듯하다.

〈芙蓉松〉 부용지 소나무 김범중

푸른 하늘에 흰 구름 여전히 흘러가고
휘 부는 바람에 커다란 연잎 흔들리네.
그림 속의 배는 보이지 않고
한 그루 소나무 부용정을 굽어보네.

碧天雲每去, 蓮葉接風搖. 벽천운매거, 연엽접풍요.
畵舶無姿態, 孤松向閣髟. 화박무자태, 고송향각표.

〈芙蓉池〉 부용지 연꽃 김범중

오래전에 인걸은 모두 떠나고
이따금 산새 소리 적막을 깨네.
선대의 음덕 연못에 가득하니
수많은 연꽃 향을 피워 보답하네.

久已君臣去, 有時山鳥雷. 구이군신거, 유시산조뢰.
先恩充滿澤, 蓮葉發香呤. 선은충만택, 연엽발향해.

부용지의 원형 섬에는 눈 주목 나무가 바닥에 우거져 있고, 서쪽에는 단풍나무가 주합루를 향해 서있어 연못의 정취를 더해준다. 한편 서북쪽 못가에는 이무기 모양의 석물이 부용지로 들어오는 물을 입을 통해 흘려보낸다. 또한 연못의 동남쪽 모퉁이 석축에는 물 위로 튀어오를 듯한 잉어가 부조되어 있다. 이는 잉어가 승천하여 용이 된다는 전설에 따라 선비가 높은 자리에 오르는 것을 잉어가 용이 되는 것에 비유했던 데서 유래된 것이라고 한다. 잉어가 부용지에 새겨진 것은 부용지 옆 영화당에서 가끔 과거시험이 치러졌기 때문으로 짐작된다.

부용지 이무기 상

<池蟒> 연못가 이무기 김범중

물 맑고 깊은 상서로운 연못 속

때를 기다리던 한 마리 이무기.

어명으로 승천하지 못하고 머물러 있지만

끊임없이 감로수를 뿜어내네.

池清深澤裏, 待節一螭眠. 차청심택리, 대절일리면.

受命稽留此, 無休吐味泉. 수명계류차, 무휴토미천.

*이무기: 이무기는 우리나라 전설상의 동물로 용이 되기 이전 상태의 동물이
다. 차가운 물속에서 1,000년을 지내면 용으로 변한 뒤 여의주를 물고 굉음
과 함께 폭풍우를 불러 하늘로 올라간다고 여겨졌다. 그때 이무기가 승천하
는 모습을 보는 사람이 있으면 다시는 승천하지 못한다는 전설이 있다.

부용지 잉어 상

잉어는 어려운 과정을 통해 출세한다는 의미로 쓰이는 "등용문(登龍門)에 올랐다."라는 표현과 관련 있다. 등용문은 중국의 황허강 상류에 있는 룽먼(龍門)이다. 룽먼은 물살이 거친 협곡인데 여기를 거슬러 오르는 잉어는 용이 되어 승천할 수 있다는 중국 고사가 있다. 등용문은 그만큼 어려운 관문이라는 뜻이고, 노력하는 자만이 성공할 수 있다는 의미를 담고 있다. 또한 잉어에 관한 많은 민속적인 이야기가 전해진다. 어느 효자가 병중에 계신 어머니가 잉어를 먹고 싶다고 하여 한겨울에 강가를 헤맸으나 끝내 잉어를 잡지 못해 얼음 위에 꿇어앉아 울었다. 그런데 갑자기 얼음 속에서 잉어가 튀어나와 효자는 그 잉어를 고아 병든 어머니께 드려 병이 나았다는 효행 이야기도 전해진다.[39] 또한 잉어는 예부터 편지를 전달해 주는 역할을 한다는 이야기도 있다. 조선 중기 여류시인 허난설헌의 시를 소개한다.

〈님의 편지를 받고서[40]〉 허난설헌(1563~1589)

멀리서 손님이 오시더니

님께서 보냈다고 잉어 한 쌍을 주셨어요.

무엇이 들었나 배를 갈라 보았더니

---

39) 네이버지식백과

40) 허경진 역, 『許蘭雪軒詩集』, 평민사, 2015, 31쪽

그 속에 편지 한 장이 있었어요

첫마디에 늘 생각하노라 말씀하시곤

요즘 어떻게 지내느냐 물으셨네요.

편지를 읽어가며 임의 뜻 알고는

눈물이 흘러서 옷자락을 적셨어요.

有客自遠方 有我雙鯉魚 유객자원방 유아쌍리어

剖之何所見 中有尺素書 부지하소견 중유척소서

上言長相思 下問今何如 상언장상사 하문금하여

讀書知君意 零淚沾衣裾 독서지군의 영루첨의거

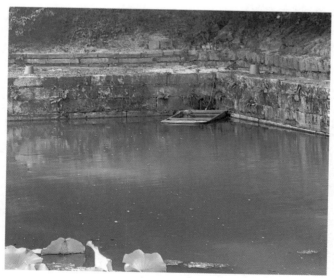

연못가 조각배

<扁舟> 조각배　김범중

아침 햇살에 물안개 걷히니
푸른 하늘에 뭉게구름 피어나네.
나뭇가지 산새들 조잘대는데
인적 없어 조각배만 쓸쓸하네.

曉旭收飛霧, 雲團起碧穹. 효욱수비무, 운단기벽궁.

樹枝山鳥鬧, 人滅只船空. 수지산조뇨, 이멸지선공.

■ 부용정(芙蓉亭)

　부용지 남쪽 물가에 두 기둥을 물에 담그고 서있는 날렵하고 소박한 정자가 부용정이다. 평면이 丁(정) 자와 亞(아) 자 모양이 교묘하게 결합된 건물로 마치 연못가에 한 송이 연꽃이 활짝 피어있는 모습이다. 『궁궐지』[41]에 "주합루 남쪽 연못가에 있는데 정조 때 택수재(澤水齋)를 고쳐 짓고 이름도 바꾸었다."라고 기록되어 있다. 즉 부용정은 숙종 33년(1707)에 지은 택수재(澤水齋)란 건물을 헐고 정조 17년

---

41) 『궁궐지 1』, 52쪽: 芙蓉亭在 宙合樓南 蓮池之上舊澤水齋正宗朝改建而改名

(1793)에 다시 지은 정자이다. 또한 『동국여지비고(東國輿地備攷)』[42]에
는 "주합루 남쪽 연못가에 있다. 연못 안에 채색하고 비단 돛을 단 배
가 있어 정조 임금께서 꽃을 감상하고 고기를 낚던 곳이다."라고 하였
다. 부용정은 문을 서로 마주 보게 내고 난간을 둘렀는데 따뜻한 방
과 서늘한 누마루를 갖춘 소박한 모습이다. 물에 잠긴 두 개의 기둥이
정자의 운치를 더해준다. 편액은 정조의 어필이다.

부용정

---

42) 『동국여지비고(東國輿地備攷)』 「궁궐편」: 在宙合樓南池邊,池中有彩舟錦帆,
正宗朝,賞花釣魚之所

"부용이란 연꽃을 가리킨다. 이 연못에 연꽃이 무성하고 본래 이름이 연지(蓮池)였으므로 비슷한 이름으로 고친 것이다. 부용에 대한 이설이 많은데 『이아(爾雅)』에서는 연꽃을 함담(菡萏), 열매를 연(蓮), 뿌리를 우(藕)라 하였다. 육조시대의 학자 곽박(郭璞, 276~324)은 강동 사람들이 연꽃을 부용이라 부르고, 북방 사람들은 우(藕)를 하(荷)라고 부르며 연(蓮)도 하(荷)로 부른다고 하였다. 후한의 학자 허신(許愼, 30~124)은 피지 않은 것을 함담이라 하고, 이미 핀 연꽃을 부용이라 한다고 하였다".[43]

정조는 자신이 지은 「부용정상량문(芙蓉亭上樑文)」[44]에서 본래 이곳에 선대가 지은 정자가 있었고, 꽃 구경과 낚시가 가능한 이곳에서 신하들과 연회를 열었다고 밝혔다.

1795년(정조 19년) 3월 꽃구경에 참석한 정약용은 「부용정시연기(芙蓉亭侍宴記)」[45]란 글에서 부용지에 둘러앉아 낚싯대를 드리우고 고기를 잡는 이들, 그 옆에는 음악을 연주하고 연못에 배를 띄우고 시 짓는 이들의 모습을 묘사했다.

정조가 지은 시 「芙蓉亭 小樓(부용정소루)」가 『궁궐지』에 전한다.

---

43) 『궁궐의 현판과 주련 2』, 149쪽

44) 『궁궐지 1』, 115쪽, 52쪽

45) 네이버지식백과

〈芙蓉亭小樓[46]〉 부용정 소루 정조(1752~1800)

그대들과 함께 마시다 보니

벌써 달이 낚싯대 끝에 걸렸도다.

오늘 밤 같은 날 다시 없으니

함께 태평의 기쁨을 누리노라.

천 겹의 나무에서 꽃 그림자 비치고

구곡 난간에 등불이 걸리네

의금부도 야금을 풀어주니

화평한 기운 장안에 넘치도다.

留與諸君飮, 居然月上竿. 유여제군음, 거연월상간.

莫如今夜好, 同此太平歡. 막여금야호, 동차태평환.

花暈千重樹, 長燈九曲欄. 화훈천중수, 장등구곡란.

金吾仍放夜, 和氣遍長安. 금오잉방야, 화기편장안.

---

46) 『궁궐지 1』, 119쪽, 53쪽

〈芙蓉亭二題〉 부용정 2수 김범중

1

한때 군신이 마주 앉아 시문 읊으며
한잔 술로 풍류를 즐겼던 누각.
연못을 가득 채운 술은 넘실대는데
신선은 보이지 않고 산새 소리만 요란하네.

一朝臣主對面謳, 勸酒歡談有宴樓. 일조신주대면구, 권주환담유연루.
四角蓮池含釀水, 無仙只鳥語穿洲. 사각연지함양수, 무선지조어천주.

2

화려한 처마 새가 날개를 펴는 것 같고
팔각의 광창은 새 둥지처럼 정겹네.
물속에 잠긴 두 다리 운치를 더하는데
수중의 오색 누각은 누가 지었느뇨.

紅檐綠栭若伸翅, 八角光窓如鳥籬. 홍첨록각약신시, 팔각광창여조리.
兩脚水中加妙趣, 不知誰作影娟㒴. 양각수중가묘취, 부지수작영연최.

〈池邊大蓮〉 물가의 연꽃 김범중

줄기 같은 두 기둥 위에
커다란 오색 꽃잎 피어났네.
모든 꽃 철 따라 피고 지는데
물가에 핀 상서로운 연꽃은 시절을 모르네.

如莖雙柱上 華麗大花蕤 여경쌍주상 화려대화유
伴季皆開落 邊蓮不覺時 반계개개락 변연불각시

　이처럼 부용정은 정조가 즐겨 활용했으나 정조는 부용정을 지은 지 8년 후 48세의 나이로 승하했다. 이후 1829년경에 정조를 본받으려 애쓴 효명세자가 대리청정을 하면서 잠시 활기를 띠었다. 그는 정조 때처럼 자주 신하를 불러 주연을 베풀었다. 그러나 효명세자도 이듬해 갑자기 사망하면서 부용정의 행사도 막을 내리게 되었다.

■ 사정기비각

사정기비각

사정기비각은 숙종 16년(1690)에 옛 술성각 자리에 세웠다. 비각으로 보호되어 있는 비(碑)에는 부용지를 만들게 된 배경과 과정이 새겨져 있는데, 세조 때 영순군 등 네 왕자를 시켜 우물을 찾게 하였고, 그때

찾아낸 우물에 마니(摩尼)·파려(玻瓈)·유리(琉璃)·옥정(玉井)이라는 이름을 붙였다는 기록이 있다. 부용지의 수원(水原)은 땅속에서 솟아나는 물이라고 하며, 비가 많이 올 때는 사정기비각 오른쪽에 있는 석물인 이무기의 입을 통해 계곡물이 연못에 흘러들어 온다고 한다.

사정기 비

■ 주합루(宙合樓)

1776년 3월 경희궁에서 즉위한 정조는 후원에 주합루를 짓도록 명하여 9월에 완공하였다. 주합루는 부용지 서북쪽 우거숲으로 진 높은 언덕에 남향으로 지은 누각이다. 기단 윗면에 전돌을 깔고 그 위에 주춧돌을 놓아 건물의 가구를 짜 올렸는데, 바깥쪽 기둥은 네모기둥, 안쪽 기둥은 원기둥으로 하여 경복궁의 경회루와 같이 천원지방(天圓

地方)의 이치를 기둥에 적용하였다. 지붕에는 취두(鷲頭)·용두(龍頭)·잡상(雜像)·토수(吐首) 등 장식기와를 모두 갖추었다. 건물은 중층으로 "상루하헌(上樓下軒), 즉 위는 루(樓), 아래는 헌(軒)으로 사용되었다".[47] 상층은 전체가 트인 마루방이고, 하층은 좌우에 온돌방, 가운데 마루방이 있는 구조이다. 상층은 정조 자신이 주합루라 이름 짓고, 하층은 과거 숙종이 쓴 규장각 편액을 다시 걸어 규장각이라 했다.

주합루

규장각은 당초 어제, 어필, 어진 그리고 새로 간행한 서책을 보관하

---

47) 『정조실록 2권』 1776년(정조 1년) 9월 25일: 建奎章閣于昌德宮禁苑之北.初稱御製閣, 後因肅廟御扁, 名奎章閣, 上樓下軒.

는 장소로 사용되었으나 차츰 학술 및 정책연구기관으로 변모하여 정조가 탕평정책을 추진할 때 중추가 되었던 기관이다. 즉 규장각은 정조의 개혁정책을 뒷받침하는 연구소 같은 역할을 했던 정부 기관이었다. 채제공, 이가환, 정약용, 박제가, 유득공 등 당시 명성을 떨쳤던 실학자들이 이곳 규장각 출신이다. 이 중에는 서얼 출신의 인사들도 있다. 주합(宙合)은 '천지 우주와 통하는 집'으로 "우주와 합일된다"는 뜻이다.

『관자(管子)』 「주합편(宙合篇)」에서 "천지는 만물의 풀무이다. 주합은 만물을 풀무질하고 천지는 만물을 감싸주기 때문에 풀무라 한다. 주합(宙合)의 뜻은 위로는 하늘 위까지 통하고 아래로는 땅 아래까지 도달하여 사해(四海) 밖에까지 나아가며 천지를 포괄하여 하나의 꾸러미가 되며 흩어져서는 틈이 없는 데까지 이른다."라고 하였다. 이덕무는 「앙엽기(盎葉記)」에서 관자의 윗글을 인용하면서 주합의 뜻을 "상하사방(上下四方)을 주(宙)라고 한다. 육합(六合)이란 뜻이 여기에서 나온 것이다(上下四方曰宙, 六合之義, 盖出於此)."라고 하였다.[48]

조선 후기 실학자 이덕무(李德懋)는 주합루 일대의 경치를 읊어 규장각 8경 율시를 지었다. 그 중 「봉모운한(奉謨雲漢)」을 소개한다.

---

48) 문화재청, 『궁궐의 현판과 주련 2』, 수류산방, 2007, 145쪽. 이하 『궁궐의 현판과 주련 2』라 한다.

<奉謨雲漢[49]> 봉모운한 이덕무(李德懋, 1741~1793)

둥글둥글 연잎에 달빛은 가없는데

서향각 산들바람에 깊은 밤이 서늘하네.

달빛 공중에 가득하니 궁중에 통하였고

연꽃 물 위에 덮여 천향이 흩어지네.

금초반의 영롱한 빛 곱기도 한데

백수준에 넘치는 술 출렁이네.

임금 마음 연락만을 생각함이 아니오

주 문왕의 영대 영소 사모함일세.

田田荷葉月蒼茫, 西閣微風五夜凉. 전전하엽월창망, 서각미풍오야량.

素影流空通御氣, 朱華冒水散天香. 소영류공통어기, 주화모수산천향.

金貂班襯玲瓏艶, 白獸尊翻瀲灩光. 금모반친영롱염, 백수존번렴염광.

不是宸心懷宴樂, 靈臺靈沼慕周王. 부시신심회연락, 영대영소모주왕.

  주합루에서 앞쪽을 바라보면 잔잔하고 맑은 연못가에 장주초석이
물에 잠겨있는 부용정의 모습이 한 폭의 그림처럼 아름답다. 주합루
동쪽에 제월광풍관이 있고 서쪽에는 희우정, 서향각이 위치하고 있

---

49) 문화재청, 『궁궐 현판의 이해』, 169쪽

다. 넓지 않은 지역에 고저 차를 이용하여 연못과 대(臺)를 조화롭게 구성한 것은 매우 뛰어난 건축 기술의 일면을 보여준다. 주합루의 앞쪽에는 취병이 설치되어 사철 푸른빛을 띠고, 뒤쪽 화계에는 앵두나무 등 꽃나무가 철 따라 화사하게 꽃을 피운다.

주합루 화계의 봄꽃

앵두는 꾀꼬리가 좋아하고, 복숭아를 닮아 앵도(鶯桃)라고도 한다. 모든 과일 중 제일 먼저 익어서 예부터 제례상에 올렸던 과일이다. 조선 초 문신 성현(成俔, 1439~1504)이 지은 『용재총화(慵齋叢話)』에는 세종대왕이 앵두를 좋아해 효자 문종이 궁궐 곳곳에 앵두나무를 심어서 수확 철이 되면 잘 익은 열매를 따다가 세종께 드렸던 기록이 있다.

미인을 지칭하는 말은 여러 가지가 있지만, "단순호치(丹脣皓齒)"란 성어는 잘 익은 앵두의 붉은 모습이 마치 여인의 붉은 입술을 연상시켜 나온 말이라 한다.

⟨宙合樓⟩ 주합루 김범중

북악산 자락에 일찍이 상서로운 기운이 이니
하늘의 기운과 사람의 마음이 통하였네.
언덕 높이 솟은 누각에 기상 충천하고
편액의 힘찬 글씨엔 생기가 가득하네.
오른쪽 누각에 세자의 글 소리 들리고
왼쪽 서향각에 책의 향기 서려 있으리.
늘 글 읽고 쓰기를 좋아했던 임금
일찍이 개혁의 요람 삼았다네.

北岳祥雲起, 天人合一和. 북악상운기, 천인합일화.

高樓豪氣滿, 扁額活靈渦. 고루호기만, 편액활영와.

右閣嗣吟響, 左亭書馥波. 우각사음향, 좌정서복파.

常時親冊子, 聖主作烜窩. 상시친책자, 성주작훤와.

▌어수문

어수문 전경

　주합루가 세워진 언덕은 5단 이상의 축대를 장대석으로 단정하게 쌓았으며, 제일 아랫단에 어수문이라는 출입문을 세웠다. 이 문은 주합루의 정문으로 임금이 드나드는 중앙의 큰 문과 신하가 드나드는 좌우 작은 문으로 구성되어 있다. 어수문은 정조 때 세워졌다고 알려졌으나 『광해군일기(光海君日記)』[50]나 『인조실록(仁祖實錄)』[51]에 어수당

---

50)『광해군일기 「중초본」 52권』 1619년(광해군 11년 11월 4일): 慶德宮未及畢造者, 只魚水堂例別堂及月廊,行廊,行閣等級也

51)『인조실록 30권』 1634년(인조 12년 9월 9일): 上置酒魚水堂, 只命世子從焉.丁卯之

이 나오므로 어수문도 그 이전에 세워졌다는 이야기가 있다. 어수문의 돌계단 양쪽 가장자리에 구름 모양의 문양이 새겨져 있다. 이것은 돌계단을 오르면 구름 위 즉 하늘로 오른다는 뜻을 담고 있다고 한다.

어수(魚水)라는 말은 물고기가 물을 만나는 것처럼 임금이 훌륭한 신하를 만난 것을 비유하는 말로 쓰인다. 이에 연유해서 임금님을 물고기에, 신하들을 물에 비유하기도 하는데 신하를 의지하여 믿는 것을 어수지계(魚水之契)라 한다. 통치자는 항상 백성을 생각해야 된다는 교훈이 담겨있는 듯하다. 이것은 『삼국지(三國志)』에서 유비가 자신과 제갈량의 관계를 물고기와 물에 비유한 데서 유래하였다.

『삼국지(三國志)』 「촉지·제갈량전(蜀志·諸葛亮傳)」에 보면 유비가 제갈량을 등용한 후 친밀도가 나날이 깊어지자 그전에 유비와 도원의 결의를 맺었던 관우와 장비는 이를 못마땅하게 여겨 불만의 소리를 내었다. 이에 유비는 "나에게 공명이 있는 것은 물고기에 물이 있는 것과 같다. 바라건대 그대들은 다시 말을 말라."라고 하였다. 친구 사이의 매우 친밀한 관계를 "수어지교(水魚之交)"라고 하는 고사도 여기서 유래되었다.[52]

變, 魚水堂頹落殆盡.上移御之後, 卽命修葺
52) 『궁궐의 현판과 주련 2』, 148쪽

〈魚水門〉 어수문 김범중

주합루 앞 드높은 천 개의 계단을 밟고

구름 따라 하늘로 통하는 문.

날렵한 지붕과 처마 아름다운데

복사꽃은 보이지 않고 단풍잎만 곱네.

閣下千梯嶂, 隨雲走上空. 각하천제장, 수운도상공.

飛檐高頂秀, 桃沒只楓紅. 비첨고정수, 도몰지풍홍.

*『삼국지』에서 유비와 관우, 장비는 복사나무 나무 아래에서 의형제(桃園結義)를 맺었다. 중국 한나라가 멸망하는 과정에서 천하삼분(天下三分)의 계기가 되었다.

주합루 앞 취병

어수문 양쪽에 일종의 나무 울타리인 취병(翠屛, 푸른빛의 병풍)이 설치되어 있다. 취병은 담장의 한 종류로 나무를 심거나 생가지를 틀어 올려 문이나 병풍처럼 만든 것을 말한다. 짧은 길이로 만들어 궐내 곳곳에 배치한 곳도 있고, 일부분의 내부 담장을 모두 취병으로 처리한 경우도 있다. 「동궐도」에 나타난 취병은 주합루 앞의 석축 위 어수문 좌우와 중희당 주변, 취운정 서편 등에 설치되어 있다. 취병의 수종으로는 대나무, 향나무, 주목, 측백나무, 사철나무, 고리버들 등이 사용된다. 취병이 설치된 장소의 특징은 규장각과 동구의 강학 처소와 같이 주로 학문을 연구하거나 천체관측 기구가 설비된 마당이 널찍한 공간이다. 즉 취병은 바깥 공간에서 중심이 되는 마당이 노출되지 않도록 가리는 역할을 해준다. 주합루의 취병은 대나무로 되어있다.

〈翠屛〉 취병 김범중

어수문 좌우의 푸른 대나무 울타리
누각의 취병 되어 풍취를 더해주네.
한결같은 모습으로 성군의 뜻 받들어
사기(邪氣)를 막고 꽃길을 열어주네.

左右靑墻粲, 爲屛益閣姸. 좌우청장찬, 위병익각연.

常姿奉御意, 遮慝引花烟. 상자봉어의, 차특인화연.

■ 서향각(書香閣)

　서향각(書香閣)은 주합루 서쪽에 동향(東向)하고 있는 건물로 주합루나 봉모당(奉謨堂)에 봉안된 임금님의 초상화, 글, 글씨 등을 포쇄(曝曬), 즉 햇볕에 말리던 곳이다. 서향(書香)은 "책의 향기"라는 뜻으로 책에서 나는 고유의 냄새를 향기라고 미화한 것이다. 서책을 말리던 곳이기 때문에 '책의 향기가 있는 집'이라는 뜻으로 해석된다.

서향각 전경

　서향각은 규장각의 부속 건물로, 정조가 즉위하던 해에 세워졌다. 편액은 정조 때 명필로 알려진 조윤형(曺允亨, 1725~1799)의 글씨이다. 이곳은 평소 책 읽고 글쓰기를 좋아해 많은 시문과 저서를 남긴 정조의 마음이 배어있는 곳이라고 볼 수 있다.

〈書香閣〉 서향각 김범중

유난히 글공부를 좋아했던 군주
서향각 지어 문체반정 추진했으리.
임금님 서책 옮긴 지 오래되었지만
때때로 부는 바람 임금님 마음을 전해주네.

賢王耽墨水, 作閣改文基. 현왕탐묵수, 작각개문기.

移轉靑編久, 時風告御思. 이전청편구, 시풍고어사.

*墨水: 글쓰기, 글공부
*문체반정: 조선 후기 정조가 당시 양반 사회에서 유행하던 새로운 문체였던
  패관 별체를 배척하고, 정통적인 옛 문체(古文)를 부흥시키려 했던 문풍 개혁
  정책이다.

서향각의 안쪽에는 '친잠권민(親蠶勸民)'이란 편액이 걸려있다.
이는 "친히 누에를 쳐서 백성에게 권장한다."라는 뜻이다. 왕비들이
양잠의 모범이 되어 양잠을 일반 백성들에게 널리 알리고자 했던 의
지로 보인다. 특히 일제 강점기에는 이곳이 양잠소로 적극 활용되면서

순정효황후(純貞孝王后, 1894~1966)가 양잠했다는 기록이 있다. 이때부터 서향각이 누에 치는 장소로 그 기능이 변질된 것으로 알려졌다. 현판 글씨는 순정효황후(純貞孝皇后)가 쓴 것으로 전해지고 있다. 한편 서향각 앞면 오른쪽 기둥에는 '어친잠실(於親蠶室)'이란 현판이 세로로 걸려있는데, 이는 "왕비가 친히 누에를 치는 방"이란 뜻이다. 후원 경춘문 옆에 천연기념물로 지정된 노령의 뽕나무가 이를 뒷받침한다.

서향각의 '어친잠실' 편액

<親蠶> 친잠 김범중

농경을 중시하던 왕조시대
농상은 백성의 생활에 근본이었네.
왕실이 스스로 모범을 보였다니
백성 사랑하는 마음 끝이 없어라.

王朝重稼穡, 蠶業本民生. 왕조중가색, 잠업본민생.

內殿身垂范, 愛人沒限宏. 내전신수범, 애인몰한굉.

*稼穡(가색): 농사

▌희우정(喜雨亭)

서향각 북쪽 숲속에 있는 희우정(喜雨亭)은 "인조 23년(1645년)에
건립되었다. 당시에는 취향정(醉香亭)이라는 이름의 초당이었으나 숙
종 16년(1690년) 여름에 오래도록 가뭄이 들어 이곳에서 기우제를 지
냈는데 바로 비가 내려서 숙종이 이를 기뻐한 나머지 지붕을 기와로
바꾸고 이름도 희우정(喜雨亭)으로 고쳤다".[53] 건물은 한 층의 장대석

---

53) 『궁궐지 1』, 52쪽: 舊名醉香亭, 仁祖乙酉所刱草堂, 肅宗十六庚午年, 祈雨得雨, 改

기단 위에 원형 초석을 놓고, 가는 원형 기둥을 세웠다. 평면 1칸은 온돌방으로 만들고, 1칸을 마루로 꾸몄다.

희우정 전경

창덕궁 안에는 희우정 외에 성정각 동쪽에 희우루(喜雨樓)라는 편액이 걸려있다. 숙종 이전에도 같은 이름의 정자가 여러 곳에 있었다. 세종 때에도 양화나루 옆에 희우정이 있었다. 중국 북송 시대 시인 소식(蘇軾, 1037~1101)이 지은 「희우정기(喜雨亭記)」에 "정자를 비[雨]로서 이름 지음은 기쁨을 기념하기 위한 것이고 옛날에 기쁜 일이 있으면 곧 그것으로 물건의 이름을 지었으니, 이는 잊지 않을 것을 나타내

醉香亭曰喜雨, 親製亭名, 以瓦易之

려 함이다(亭以雨名 志喜也 古者有喜 即以名物 示不忘也…)."[54]라는 구
절이 있다.

▌제월광풍관(霽月光風觀)

천석정

주합루 동북쪽 언덕 위에 있는 정자가 제월광풍관(霽月光風觀)이다.
이 건물의 본이름은 천석정(千石亭)이다. 4칸 ㄱ자 형태의 집으로 정

---

54) 네이버지식백과50) 『궁궐지 1』, 114쪽, 52쪽

면 두 칸, 측면 한 칸에 한 칸의 루(樓)를 올린 팔작 기와지붕이다. 단청하지 않은 주택풍의 간소한 건물이다. 처마 밑에 '霽月光風觀'이란 현판이 걸려있는데, 현판의 내용에 따라 이 건물의 이름을 제월광풍관이라고 부른다. 이곳은 학자들이 독서를 즐기던 곳으로 알려졌는데, 순조의 아들인 효명세자가 학문을 연마하던 장소이기도 하다.

제월광풍은 흔히 쓰이는 광풍제월(光風霽月)과 같은 의미로 "비 갠 뒤의 바람과 달"이란 뜻을 가지고 있는데, 도량이 넓고 시원스러운 인품을 가진 사람을 표현하는 말로 쓰이기도 한다.

북송의 유명한 문인이자 서가(書家)인 황정견(黃庭堅)이 성리학자 주돈이(周敦頤)를 존경하여 일컬은 데서 더욱 유명해진 말이다. 황정견은 「염계시서(濂溪詩序)」에서 "용릉의 주무숙은 인품이 몹시 높고 가슴속이 시원하고 깨끗하여 광풍제월과 같다(春陵周茂叔 人品甚高 胸中灑落 如光風霽月)."라고 하였다. 광풍제월이라는 말은 훌륭한 인품을 나타낼 때 쓰이기도 하지만 세상이 잘 다스려진 상태를 말하기도 한다. 觀은 누각이라는 뜻이며, 흔히 누관(樓觀)이라고 하여 전망이 좋은 곳에 위치한 누각을 의미한다.[55]

일각에서 기존의 천석정 자리에 제월광풍관을 지었다고 하나 『동국

---

55) 『궁궐의 현판과 주련 2』, 162쪽

여지비고(東國輿地備攷)』[56]에는 "천석정이 그 동쪽에 있으며, 작은 누각이었는데 제월광풍루(霽月光風樓)라고 현판을 걸었다."라는 기록이 있다. 『일성록』[57]에 정조가 신임하던 각신 이존수(李存秀, 1772~1829)가 장원한 시제(試題) 「제월광풍루기(霽月光風樓記)」가 전한다.

〈風月〉 풍월 김범중

비 그치고 상쾌한 바람 스쳐 가니
부용지엔 쌍무지개 뜨네.
어두운 시절 현군이 나타나면
둥근 달빛은 봉래산을 비춘다네.

雨定快風去 雙虹起澤垓 우정쾌풍거 쌍홍기택해
暗時賢主出 輪月滿蓬萊 암시현주출 윤월만봉래

*蓬萊(봉래): 중국 전설에 나타나는 가상적 영산(靈山)인 삼신산(三神山) 봉래산(蓬萊山), 방장산(方丈山), 영주산(瀛洲山)의 하나로 신선이 살았다고 함.

---

56) 조선 시대 국가 및 서울의 지리 제도 인문적 사항을 기록한 인문지리서 2권 2책. 작자, 연대 미상, 『한국민족대백과사전』
57) 『일성록』 1779년(정조 23년 1월 3일): 考下抄啓文臣親試更試試券 以霽月光風樓記爲 親試更試題副司正 李存秀三中居首

▌영화당(暎花堂)

영화당 전경

영화당은 부용지 동쪽에 있는 전각이다. 『궁궐지』에는 언제 지어졌는지 알 수 없다고 했으나 『광해군일기』[58]에 영화당 짓는 일을 논의하는 내용이 나오는 것으로 보아 광해군 때 처음 지어진 것으로 볼 수 있다. "지금의 건물은 1692년(숙종 18년)에 중건한 것이다".[59] 삼단의 장대석으로 기단을 쌓아 그 위로 툇간 3면을 개방한 정자형 건물이다. 북쪽의 1칸은 온돌로 꾸며졌으며 가운데 2칸의 대청과 3칸의 툇

---

58) 『광해군일기』 25권 1610년(광해군 2년):

59) 傳曰:… "…如歡慶殿·暎花堂, 竝令勿造, 以從公議 " 【此諸殿, 後皆營建 …】) 『숙종실록』 24권 1692년(숙종 18년 5월 12일): 暎花堂成　堂在春塘臺, 命敍重建時監董勞, 賞賚有差

간은 마루를 깔았다. 대청은 문을 들어 올리면 3면의 경승을 자유롭게 돌아볼 수 있도록 했다. 대청 측면에 계자난간((鷄子欄干)을 설치했다.『궁궐지』[60]에 의하면 영화당 건물 안에 선조, 효종, 현종, 숙종의 편액이 걸려있다고 하는데, 지금은 남아있지 않고 영조가 1754(영조 30년)년에 쓴 '暎花堂(영화당)'이란 현판이 추녀 밑에 걸려있다. 영화(暎花)는 "꽃이 어우러진다"는 뜻으로 주변에 꽃이 많이 피어서 풍광이 아름답다는 의미를 담고 있다.

지금 영화당 앞마당은 담장으로 막혀있으나 원래는 창경궁의 춘당지와 춘당대가 하나의 넓은 공간을 형성하고 있었다. 영화당은 춘당대를 비롯한 그 일대 공간에서 각종 행사가 거행될 때 본부석과 같은 역할을 했다고 한다. 영화당 뒷면에는 부용지를 중심으로 우측 언덕에 주합루가 위엄있게 서있고, 좌측에 부용정이 아름답고 소박한 모습을 보이고 있다. 또한 수림이 병풍처럼 둘러쳐져 있어 여기서 앞을 바라보는 풍광은 철 따라 한 폭의 그림을 보는 듯하다.

영화당 앞 춘당대에서 왕과 신하들이 함께 활쏘기를 즐겼으며, 과거시험을 치르기도 했다. 활쏘기 연회 때 과녁을 명중시킨 자는 그 상으로 품계를 올려주기도 했다. 또한 임금이 어제시(御製詩)를 써서 내리고 종신들에게 화답하도록 한 장소가 영화당이다. 고전소설「춘향전(春香傳)」에 나오는 이몽룡이 과거시험을 본 곳이 이곳 춘당대였으며, 시제가 '춘당춘색고금동(春塘春色古今同)'이었다고 한다.

---

60)『궁궐지 1』, 127쪽, 57쪽

<暎花堂> 영화당에서 김범중

군신이 함께 어우러져
크고 작은 행사가 열렸던 곳.
춘당대는 어디에 있는가?
회색 담장이 눈 앞을 가리네.

君臣相對面, 多次典禮張. 군신상대면, 다차전례장.
何處春臺在, 灰堋蔽目光. 하처춘대재, 회용폐목광.

<暎花堂風光> 영화당 풍광 김범중

한나절 햇살 서각에 기우는데
앞산과 연못 어우러져 경승을 만드네.
한 줄기 바람 숲속 향기를 전해오고
연꽃은 옥당에 꽃향기를 가득 채우네.

晌日斜西閣, 山池作妙光. 향일사서각, 산지작묘광.
一風傳樹氣, 蓮馥滿金堂. 일풍전수기, 연복만금당.

이밖에 주합루 부근에는 1505년(연산군 11년) 서총대가 건립되었으나 정조 때 중국 서적을 보관하던 열고관이 그 자리에 세워졌다고 한다. 지금은 수목이 우거져 있다. 또한 1776년 정조가 즉위하면서 규장각과 함께 규장각의 서남쪽에 지은 봉모당이 있었지만, 역시 숲이 그 자리를 대체하고 있다. 봉모당은 왕실의 각종 글씨나 명령 및 족보 등을 보존했으나 어필이나 어제가 늘어나면서 더 넓은 전각으로 옮긴 것이다. 1857년(철종 8년) 창덕궁 서쪽 이문원 뒤편으로 이전했다.

영화당 왼쪽에는 오래된 느티나무 한 그루가 있다. 영조가 청계천 준설을 마치고 이 느티나무 밑에서 신하들의 노고를 치하하며 잔치를 베풀었다는 이야기가 전해진다.

영조는 1760년(영조 36년) 숙원이었던 '개천(開川)' 문제 해결을 위한 결단을 내렸다. 즉 개천을 준설하는 대역사를 벌였던 것. 강바닥의 토사를 걷어내고 하천을 정비하는 일을 보통 준설(浚渫)이라 하지만 당시에는 준천(濬川)이란 표현을 썼다. 이 공사는 「준천계첩(濬川稧帖)」에 잘 나타나 있다. 청계천의 명칭은 원래 개천(開川)이었으나 영조의 준설 이후 청계천이라 불렀다고 한다.[61]

61) 네이버지식백과

⟨宮槐⟩ 궁궐의 느티나무 김범중

정자목으로 마을의 수호신 되고

넓은 수관은 어머니 품속 같네.

견고하고 아름다워 궁궐의 목재로 쓰였으니

자고로 어찌 삼정승만 못했으랴!

爲亭字樹擋邪傀, 多葉廣枝如母懷. 위정자수당사괴, 다엽광지여모회.

秀紋堅材成闕木, 三公何勝一靈槐. 수문견재성궐목, 삼공하승일령괴.

영화당 앞 느티나무

예부터 정자나무로 알려진 느티나무는 느릅나무과 갈잎큰키나무로 한자는 괴(槐)로 회화나무와 동자(同子)이다. 거(欅)로 표기하기도 하고, 유(楡)로 쓰기도 해서 느릅나무와도 혼동된다. 그러나 느티나무는 '槐' 자가 상징하듯 벽사의 뜻을 품고 마을 어귀에서 정자목으로써 위상을 자랑한다. 또한 넓은 수관으로 마을의 쉼터가 되었고, 아름다운 무늬는 가구재로 활용되어 오동나무, 목감나무 등과 함께 3대 우량 목으로 꼽힌다.

고려 시대에는 건축자재로 쓰여 영주 부석사의 무량수전, 합천 해인사의 팔만대장경을 보관하는 법조전 기둥 등에 느티나무가 사용되었다. 주요 건축재의 약사를 살펴보면 선사시대에는 참나무를 사용하여 움막을 지었고, 삼한 시대 느릅나무, 고려 시대 느티나무, 조선 시대에는 소나무가 주 건축자재로 사용되었다고 한다.

부용지 권역은 주합루와 부용정을 중심으로 정조가 각신(閣臣)들과 함께 조정의 개혁을 논하고 공부하며 향연을 베풀었던 권역이다. 정조가 활용했던 개혁의 산실이라고 해도 과언이 아니다. 정조는 조선 제22대 왕으로 어려운 과정을 거쳐 즉위하였다. 왕위 재임 중 여러 제도를 개혁하였다. 특히 후원에 주합루를 지어 규장각을 통해서 많은 인재를 발굴하여 중용했다. 서얼제도를 타파하여 인재를 두루 등용했으며, 누구보다 자연을 사랑하고 자연 속에서 풍류를 즐겼던 임금이었다. 수원화성을 축조하여 아버지 묘소를 건윤릉으로 옮기고, 부근에 소나무, 버드나무 등 1,200만 주의 나무를 심은 이야기는 유명하다. 특히 소나무를 좋아하여 안양에서 수원으로 넘어가는 고개 우측에는 정조가 심은 소나무의 잔재가 노송로라는 이름으로 남아있다. 공교롭게도 정조가 말년에 거처하다 승하한 창경궁 영춘헌 주변에는 노령의 소나무 숲이 우거져 있다. 현명한 군주는 백성의 미래를 위해 나무를 심는다는 이야기가 실감 나는 일화이다.

〈蕩平歌〉 탕평가 김범중

영조의 탕평책으로 당쟁이 다소 진정되니

조정이 안정되고 백성의 형편도 좀 나아졌는데

노론 소론의 대립은 여전하고.

동궁에 한 가지 근심이 커갔다네.

사도세자 어려서부터 남달리 영특하고

특히 그림과 서예에 능통했지만

자라면서 정치적인 안목이 높아지며

비판적이고 아버지와 갈등이 점차 커졌다네.

세자의 비행이 날로 심해지니

유생의 상소문이 빗발치고

어머니 영빈이씨마저 결단을 촉구하기에 이르니

문정전 앞들에 갑자기 망치 소리 요란했다네.

임오년 무더운 여름 어느 날 아침

뒤주 속 신음 일주일을 견디지 못하고 멈추니

숲속 산새들 숨죽여 흐느끼고

뜨락에 피어난 꽃들도 눈물을 뿌렸으리.

아버지의 지나친 사랑이 오히려 화를 초래하니

사랑하는 아들은 정신적인 공황 상태가 되어

역사상 흔치 않은 왕실의 비극이 일어났지만

하늘은 이미 성군의 탄생을 준비했으리.

정조는 사도세자와 어머니 혜경궁 홍씨 사이에

왕실의 둘째 아들로 태어나

차남이었지만 형이 이미 별세하여

실질적인 왕실의 대를 이을 장손이었네.

아버지 용꿈 꾸고 잉태하니

하늘은 진인의 성품을 내리셔

어려서부터 글 읽고 쓰기를 좋아해

장차 호학 군주의 기개를 보였다네.

어린 시절 아버지 죽음을 목격하며

일찍이 당쟁의 폐해를 알았고

이미 사망한 큰아버지 후사로

왕실의 다음 대통을 이을 세손이 되었다네.

반대파의 극심한 방해가 있었지만

세손은 무사히 대리 청정을 마치고

천신만고 끝에 용상에 올라

덕을 쌓아 소공의 뒤를 따랐다네.

손수 지은 수많은 글 속에

오직 효심과 백성 사랑하는 마음이 배어나고

문체 반정으로 올바른 문화정책 추진하여

조정의 문풍을 바로 세웠다네.

때로는 시문을 짓고 풍류를 즐기며

신하들과 어울려 채옹을 논하며

다방면으로 지은 글 편찬하여

우문지치(右文之治)로 문예부흥 이루었네.

잘못된 서얼제도를 과감하게 타파하여

공정하게 인재를 두루 선발하고

국가의 동량을 키우기 위해 규장각을 설치하여

인재를 양성해 작인지화(作人之化)를 실행했네.

궁궐에 장용청(壯勇廳)을 설치하여

왕실의 군제를 개혁하고

금난전권(禁亂廛權)을 폐지하여

백성의 경제활동을 공평하게 했다네.

준론 탕평으로 척신의 발호를 막았으나

오히려 세도정치의 빌미가 되었고

필생의 신도시 화성 건립을 추진했으나

애석하게도 천명에 의해 무산되었네.

충신들 조정에 모여 개혁을 논하는데

갑자기 임금님 떠나가니 꿈도 따라갔네.

광활한 땅과 바다도 끝이 있건만

이 별리의 애달픔은 끝이 없어라.

우람한 주합루 오늘도 부용지를 내려다보고

부용정 어제 시문은 길이길이 회자되는데

절대가인은 하늘도 시기하는지

못가에 바람만 스쳐 가네.

英祖蕩平搞 朝和庶睦融 영조탕평고 조화서목융

相爭雙論續 日羞少陽洪 상쟁쌍론속 일양소양홍

李愃柔年慧 圖書特別功 이훤유년혜 도서가배공

經營心眼杰 批判反爺忡 경영심안걸 비판반야충

世子非行激 儒生上告攻 세자비행격 유생상고공

暎嬪催決斷 文政劈穿穹 영빈최결단 문정벽천궁

壬午蒸時曉 單週匭叫窮 임오증시효 단주궤규궁

樹枝千鳥啼 院子百花痌 수지천조제 원자백화통

奢愛猶招禍 慈兒失魄空 사애유초화 자아실백공

歷來哀事少 天已育明种 역래애사소 천이육명충

思悼惠嬪際 王家得次僮 사도혜빈제 왕가득차동

伯兄經已死 眞是是朝東 백형경이사 진시시조동

父發祥夢孕 玉皇賜大龍 부발상몽잉 옥황사대용

少時迷寫作 出幼見文容 소시미사작 출유견문용

叔季瞠爺禍 靑年識黨兇 숙계청야화 청년식당흉

受任先伯位 賻受後明宗 수임선백위 정수후명종

外戚糾紛大 王孫代政鏊 외척규분대 왕손대정동

苦頭登玉座 堆德逐召公 고두등옥좌 퇴덕축소공

多穀文章裏 親民孝道充 다곡문장리 친민효도충

改組雙基以 矯治闕文峰 개조쌍기이 교치궐문봉

詩百篇斗酒 帝臣論蔡邕 시백편두주 제신논채옹

多方刊發冊 右文之治紅 다방간발책 우문지치홍

忌嫌歪庶孼 登庸有能工 기혐외서얼 등용유능공

奎章安設苑 作人之化豊 규장안설원 작인지화풍

設置壯勇廳 收編武事籠 설치장용청 수편무사용

禁亂塵權廢 發展經濟隆 금난전권폐 전발경제융

人事端平展 招來世道曨 인사단평전 초래세도롱

華城遷闕企 天命阻皇悾 화성천궐기 천명조황공

忠骨論廷改 君行遠夢狆 충골논정개 군행원몽충

地洋含末尾 離恨永無終 지양함말미 이한영무종

宙合瞻望澤 芙蓉御句通 주합첨망택 부용어구통

佳人天或嫉 池岸只吹罎 가인천혹질 지안지취동

*押韻(압운)은 통운목(東, 冬) 적용
*少陽(소양): 동궁
*이씨(李氏): 영빈 이씨로 영조의 두 번째 후궁. 사도세자의 어머니
*惠嬪(혜빈): 혜경궁 홍씨
*召公(소공): 중국 연나라 시조로 백성에 선정을 베푼 어진 임금으로 후대에 추
  앙받은 임금

*雙基(쌍기): 문체(文體), 서체(書體)

*蔡邕(채옹): 중국 후한의 학자. 문인 서예가로 젊어서부터 박학했고 비백체(飛白體)를 창시했으며, 문장에 뛰어났다.

*右文之治(우문지치): 정조가 학문 중심의 정치를 위해 내세운 슬로건

*斗酒百篇(두주백편): 말술을 마시며 시 백 편을 쓴다는 뜻으로, 술을 좋아하고 시를 잘 쓴 이백(李白)의 고사에서 유래된 성어(成語)

*作人之化(작인지화): 정조가 인재 양성을 위해 내세운 슬로건으로, 규장각을 세웠다.

*禁亂廛權(금난전권): 서울에서 정해진 시전 상인 외에는 상업 활동을 금지하는 법으로, 시전(市廛) 상인의 독점적 상행위를 보장하는 권리

나. 애련지 권역

애련지 전경

　　　　영화당(暎花堂)을 지나 산을 끼고 안쪽으로 조금
들어가면 오른쪽에 창경궁으로 들어가는 영춘문(迎春門)이 나오고,
맞은편에 금마문(金馬門)과 불로문(不老門)이 기다리고 있다. 앞쪽에
는 두 기둥을 받치는 장주 초석이 물속에 잠겨있는 아름다운 애련정

이 한눈에 들어온다. 애련지 서쪽에는 연경당(延慶堂)이라는 건물이 있는데 단청하지 않은 소박한 사대부 집을 연상케 한다. 연경당 아래쪽에 어수당이 있었으나 지금은 없고 작은 사각 연못이 언제나 맑은 물을 담고 있다.

애련지 권역은 응봉에서 동남쪽으로 내려오는 두 번째 골짜기로 국이 비교적 넓고 평탄한 특징이 있다.

▌ 금마문(金馬門)

금마문은 의두합의 정문이며 금마문 서쪽에는 석거문이 있다. 금마문이란 중국 한나라의 '미앙궁(未央宮)'[62]이라는 궁궐에 있던 문 이름에서 유래된 것으로, 책을 보관하던 곳이었다고 한다. "중국『한서(漢書)』[63]에 의하면 한나라 궁궐에는 도서를 소장한 '석거각'이 있었고, 그 출입문을 석거문이라고 했다. 또 석거각에는 금마문이 있어서 이곳에서 관리들이 대기하며 황제의 명을 받았다고 하는데, 문 옆에 말 조각상이 있었다고 한다. 또한『궁궐지』[64]에는 석거문 북쪽 어수당에 영소(靈沼)라는 이름의 문이 있다고 했다.

---

62) 중국 산시성 시안시 교외에 있는 한(漢)나라 고조 때 지은 궁전
63) 중국 후한(後漢) 시대의 역사가 반고(班固)가 저술한 기전체(紀傳體)의 역사서
64)『궁궐지 1』, 59쪽: 魚水堂在暎花堂北東西有池有門曰靈沼南曰石渠門

금마문

영소는 영대(靈臺)와 함께 주나라 문왕이 백성들의 도움을 받아 축
조했다고 한다. '영소에는 못 가득 물고기가 이리저리 뛰놀았다'는 구
절이 『시경(詩經)』에 전한다. 석거문이나 금마문, 영소는 모두 그 안에
있던 어수당으로 들어가는 문이었다. 어수당 문 이름을 영소라고 지
은 것은 주나라 군주의 통치 설화를 어수당과 연결 지으려는 의미로
풀이할 수 있다. 어수당 주변에 영소나 석거문, 금마문 같은 이름을
붙임으로써 이 일대는 주나라, 한나라 등 번성했던 고대 중국 왕실을

연상시키는 공간이었다".[65] 지금은 「동궐도」에 영소는 보이지 않고 금마문과 석거문의 폭이 크게 넓어져 본래 문의 격식을 잃은 듯하다. 이는 20세기 초 연경당에서 행사를 열면서 승용차가 그 앞까지 진입할 수 있도록 변형된 결과로 추정된다. 어수당이 사라지면서 주변이 연경당으로 향하는 통로로 되었다.

의두합 일대

이와 같이 금마문, 의두합, 석거문은 고대 중국 궁궐에서 책을 보관, 관리하던 곳으로 평소 책을 좋아했던 효명세자가 각각 한나라의 명칭을 따라 지은 것으로 추측된다. 또한 세도정치가 극심했던 당시에

---

65) 『우리 궁궐을 아는 사전』, 258쪽 참고

한나라나 주나라 왕실을 연상시켜 왕권 강화를 위한 정치적인 의미도 부여했을 것으로 짐작된다.

〈金馬門〉 금마문 김범중

금마문 앞에 말은 보이지 않고
소박한 집 세월을 머금었네.
충신들 문 앞에서 어명을 받았다는데
천명은 어디에서 대기했을지.

門側無金馬, 微軒帶萬年. 문측무금마, 미헌대만년.
百官迎御命, 何處待通天. 백관영어명, 하처대통천.

어수당은 왕이 신하들을 불러 군신 간 교유를 하던 곳으로 알려졌다. 광해군 대에 지어진 것으로 추정되며 인조반정 후 "왕이 개수하도록 했다"는 기록[66]이 있다. 인조반정이 일어났을 때 "광해군이 연회를 열어 술에 취해 있었다"는 기록[67]이 있으며, 효종이 송시열과 이곳에서

---

66) 『인조실록 30권』 (인조 12년 9월 9일): 上置酒魚水堂, 只命世子從焉. 丁卯之變, 魚水堂頹落殆盡. 上移御之後, 卽命修葺, 又鑿池于閱武亭邊, 作畫船, 船可受十餘人.

67) 『광해군일기』 「정초본」 187권, 1623년(광해군 15년 3월 12일): 而放疏上, 王方與

담화를 나눈 일화가 후에 널리 회자되었다. 그 후 순조와 효명세자가 고전강독을 하는 등 적극적으로 활용하였으나 1829년의 기록을 끝으로 건물이 사라졌다고 한다.

▌의두합(倚斗閤)

의두합

諸姬, 燕酣魚水堂, 久而方見其疏, 亦不以爲意 …

『궁궐지』에 의두합(倚斗閤)으로 기록되어 있는 건물이다. 작은 문인 금마문을 들어가면 왼쪽 추녀 밑에 '기오헌(寄傲軒)'이란 현판이 붙은 건물이 의두합이다. "1827년(순조 27년) 효명세자가 세운 것으로, 처음에는 독서처(讀書處)로 이름 지었다가 의두합으로 고쳤다".[68] 「동궐도」에 보이는 의두합의 모습은 어수당 서남쪽, 석거문 남쪽의 담장 아래 작고 소박한 건물이다. 「동궐도」에는 이안재로 표기되어 있다. 한편 의두합 정면 추녀 밑에는 '기오헌(寄傲軒)'이라 새겨진 현판이 붙어있다.

의두합의 구조는 2칸의 대청마루, 좌측 누마루, 우측에 온돌방을 갖추어 사계절 모두 이용할 수 있도록 하였다. 현재의 모습은 1830년 효명세자가 갑자기 죽은 후 1865년(고종 2년) 수리하면서 지은 것이다. 의두(倚斗)와 기오(奇傲)라는 말에는 효명세자의 정치적 철학이 담겨있다고 할 수 있다.

'의두'는 "북극성에 의거하여 경화(京華)를 바라본다"[69]는 뜻으로 '북두성에 의거하여 이상적 정치를 실현한다.'라는 의미로 해석할 수 있다.
기오헌(寄傲軒)의 '기오'는 "거침없이 호방한 마음을 기탁한다"는 뜻으로 도연명(송, 365~427)의 「귀거래사」 중 "의남창이기오 심용슬지이

---

68) 『궁궐지 1』, 128쪽, 57쪽: 倚斗閤在北暎花堂舊讀書處基 純宗二十七年丁亥 翼宗在改春邸時改建

69) 『동국여지비고(東國輿地備考)』

안(倚南窓以寄傲 審容膝之易安)"이란 구절에서 유래된 말이다. 이는 "남쪽 창에 기대어 호방함을 부려보니 좁은 집이지만 편안함을 알겠노라"는 뜻으로 세속을 떠나 초연한 자유인의 경지를 마음껏 펼친다는 뜻이 담겨있다. 원래 이름이었던 의두합과 기상(氣像)이 서로 통하는 의미이다.[70]

〈臨倚斗閤〉 의두합에서   김범중

세자 주나라 문왕을 흠모하여

초당 지어 큰 꿈을 키웠다네.

주인은 없고 낡은 집만 남았지만

바람결에 세자의 글 읽는 소리 들려오네.

世子尊崇周, 爲軒育大望. 세자존숭주, 위헌육대망.

無人唯冷閤, 風送嗓音鏘. 무인유냉합, 풍송상음장.

*주나라 문왕: 중국 고대 주왕조(周王朝)의 기초를 닦은 명군(明君)

---

70) 『궁궐의 현판의 이해 2』, 170쪽

운경거

　의두합 왼쪽에는 의두합과 나란히 서있는 운경거라는 작은 건물이
있다. 정면 한 칸 반, 측면 한 칸 건물로 책과 악기를 보관하는 장소로
쓰였다고 한다. 단청하지 않았으며, 특별한 장식도 없는 일반 민가의
모습을 하고 있어 평소 검소한 것을 좋아했던 효명세자와 잘 어울리는
분위기다. 효명세자는 이곳에서 의두합과 운경거를 지어 그곳에서 공
부하고 사색하며 자신만의 공간으로 활용했을 것이다. 자신을 따르는
궁료들과 함께 먼저 시를 지으면 궁료들이 화답하는 형식으로 주변의
경관을 시로 읊었다. 이 가운데 세자가 지은 「의두합십경(倚斗閣十景)」
시가『궁궐지』에 실려있다. 이중 「만정산앵滿庭山櫻)」을 소개한다.

〈滿庭山櫻[71]〉 만정산앵　효명세자(1809~1830)

지난밤에 가랑비 갓 지나가니

산 살구의 꽃다움 반절은 줄었네.

꽃이나니 비늘인 양 착각되는데

물고 오는 새 부리 향긋하구나.

필시 매화의 차가움 마땅치 않아

가벼이 유화(柳花) 쫓아 바삐 나는가 보다

피고 짐이 모두가 천도(天道)일 터인데

명년 봄엔 또다시 꽃다움 보이리라.

前宵微雨過, 山櫻減芬芳. 전소미우과, 산앵감분방.

飛下魚鱗錯, 啣來雀嘴香. 비하어린착, 함래작취향.

應羞梅蘂冷, 輕逐柳花忙. 응수매예냉, 경축유화망.

開落皆天造, 明春又艶陽. 개락개천조, 명춘우염양.

---

71) 『궁궐지 1』, 131쪽, 58쪽

⟨臨軒思孝明⟩ 의두합에서 세자를 생각하다 김범중

어린 시절 총명하고 다정했던 세자
성장하며 성군의 꿈을 키웠다네.
아버지 닮아 몸이 연약하고
할아버지 닮아 글재주 뛰어났다네.
세자 성장하며 문벌 또한 득세하니
왕실의 번영은 점차 멀어졌다네.
대리청정 중 갑자기 떠나가니
가인박명은 하늘의 뜻이런가?

少時情慧哲, 成大想賢王. 소시정혜철, 성대상현왕.

若父身卑弱, 如爹句節長. 약부신비약, 여다구절장.

權家曾勢力, 宗社失繁昌. 권가증세력, 종사실번창.

代政中離世, 薄生或天光. 대정중이세, 박생혹천광.

기오헌 건물 뒤쪽에 경사가 급한 석축이 있다. 이 석축 위에 작은 일
각문이 있는데, 이 문을 통과하면 주합루에 이르게 된다. 주합루에서
고른 책을 의두합으로 가져와 독서했을 효명세자의 모습이 그려진다.
축단(築壇)은 사괴석으로 쌓아 석벽에 축대를 이루었으며, 일부 석축
중에는 '초연대(超然臺)', '추성대(秋聲臺)' 등의 글씨가 쓰인 돌이 보인다.

　초연(超然)은 "세속을 초월한 모양" 또는 "아득히 먼 모양"을 뜻한다. 중국 북송 시인 소동파(蘇軾, 1036~1101)가 지은 것으로 전해지는 「초연대기(超然臺記)」에서 유래된 것으로 보인다. '추성(秋聲)'은 "가을에 들을 수 있는 자연의 소리"라는 의미를 가지고 있다.

〈**超然臺記**[72]〉 초연대기　소식(東坡, 북송, 1037~1101)

　- 중략 -

　어떠한 사물도 모두 볼 만한 것이 있다.

　만약 구경할 만한 것이 있다면 모두 사람을 즐겁게 할 만한 것이 있는 것이니, 반드시 괴이하고 신기하고 장엄하고 화려해야 하는 것은 아니다.

---

72) 네이버지식백과

술지게미를 먹거나 탁주를 마셔도 모두 사람을 취하게 할 수 있고, 과일과

채소와 풀과 나무를 먹어도 모두 사람을 배부르게 할 수 있다.

이러한 것들을 유추해 본다면 내 어디 간들 즐겁지 않겠는가?

凡物,皆有可觀	범물개유구관
苟有可觀, 皆有可樂	구유하관, 개유가락
非必怪奇瑋麗者也	비필괴기위려자야
餔糟啜醨, 皆可以醉	포조철리, 개가이취.
果蔬草木, 皆可以飽	과소초목, 개가이포
推此類也, 吾安往而不樂	추차류야, 오안왕이불락

〈臨超然臺二題〉 초연대 앞에서 2수 김범중

1

하늘에 흰 구름 유유히 노닐고

숲속의 산새 소리 즐겁네.

천천히 초연대 추성대 곁을 지나가니

휘 스치는 바람 국향을 흩뿌리네.

白雲無事轉, 林裏鳥鳴喤. 백운무사전, 임리조명황.

綴去雙臺畔, 西風散菊香. 완거쌍대반, 서풍산국향.

2

산자락 낙조 울긋불긋 수색을 붉게 물들이고

애련지 물새 노랫소리 들리지 않네.

글 읽는 청아한 목소리 가득했을 의두합

한 구절 시구 얻고자 왔으나 마음만 공허하네.

山麓夕陽濡水紅, 池邊禽鳥戛然終. 산록석양유수홍, 지변금조알연종.

淸音雅韻回蕩閣, 欲得珍文唯意空. 청음아운회탕합, 욕득진문유의공.

서늘한 바람 불고 하얀 서리 내려 가을이 무르익을 즈음 산자락 여기저기에 들국화가 결곡한 자태로 피어난다. 찬 바람이 불 때 피어나는 국화는 그 존재감이 남다르다. 국화(菊花)는 사군자(四君子)에 속할 만큼 인고와 절개의 상징에 그치지 않고 군자의 자화상으로도 읊어졌다. 서릿발 같은 추위 속에서 홀로 꼿꼿하다는 의미의 "오상고절(傲霜孤節)"이란 성어가 여기서 유래된 듯하다. 고려 시대의 문인 이규보(李奎報)의 시를 소개한다.

<詠菊> 국화를 읊다 이규보(李奎報, 1168~1241)

서리를 견디는 자태 오히려 봄꽃보다 나은데

삼추를 지나고도 떨기에서 떠날 줄 모르네.

꽃 중에서 오직 너만이 굳은 절개를 지키니

함부로 꺾어서 술자리에 보내지 마오.

耐霜猶定勝春紅, 閱過三秋不去叢.

내상유정승춘홍, 열과삼추불거총.

獨爾花中剛把節, 未宜輕折向筵中.

독이화중강파절, 미의경절향연중.

▌ 불노문(不老門)

불로문(不老門)은 금마문 오른쪽에 나란히 서있는 문으로, 연경당으로 들어가는 정문이다. 불로문은 '늙지 않는 문'으로 해석되는데, 이문을 통과하면 오래 산다는 뜻을 담고 있다. 한 장의 돌로 'ㄷ'자를 세워놓은 형태의 문인데 돌쩌귀를 고정했던 흔적이 있는 것으로 보아원래는 문짝이 달려있던 것으로 보인다. 「동궐도」에는 불로문 바로 앞에 네모난 연못이 있고 불로문 안 북쪽에 어수당(魚水堂)이 있는 것으로 그려져 있으나 지금은 몇 그루의 나무가 그 자리를 지키고 있다.

불노문

"불로문 역시 낙양성에 있던 한나라 궁궐의 여러 문 이름 중 하나이다. 문 앞에 불로지라는 방지가 있었다고 한다. 정조는 종종 후원에서 신하들에게 활쏘기를 시켜 평소 관리들이 무술을 연마하도록 했으며, 불로문 앞에도 과녁을 설치했다고 한다."[73] "후원에서 실시하는 별시사 (別試射) 때 과녁을 춘당대에 여섯, 단풍정에 셋, 불로문에 두 개를 각각 설치했다."[74]라고 한다. 그만큼 불로문 앞이 좁았기 때문이다.

---

73) 『우리 궁궐을 아는 사전』, 267쪽

74) 『승정원일기』 1,565책, 1784년(정조 8년 8월 25일): 甲辰八月二十五日午時, 上御重熙堂 … 上命書傳敎曰, 再明日別試射時, 春塘臺設六貫革, 丹楓亭設三貫革, 不老門設二貫革事, 預爲, 分付　丹楓亭分所, 依例以七試官磨鍊, 不老門分所, 地勢狹窄, 與命官以五試官磨鍊事, 亦爲, 分付 …

〈人不老門〉 불노문을 들어가며 김범중

흰 머리 주름진 얼굴
남은 길 지난 길보다 짧네.
홍안을 다시 찾을 수 있다면
불로문 천 번을 드나든들 어떠리.

白頭含皺面, 過路越餘經. 백두함추면, 과로월여경.

假若紅顏復, 何千度又跉. 가약홍안부, 하천도우령.

〈思不老門二題〉 불노문에서 생각하다 2수 김범중

1
머리에 쌓이는 백설 연륜을 더하고
주름진 얼굴 지나온 여정을 말하네.
유수 같은 세월 속에 몸은 늙어가지만
꿈을 잃지 않으면 어찌 젊음이 쉬이 가리.

頭皮白雪益彌年, 發皺容顏言積躔. 두피백설익미년, 발추용안언적전.

易逝流光身體老, 有望靑葉綠枝遄. 이서유광신체노, 유망청엽녹지전.

2

초봄의 꽃 요염한 자태를 뽐내고

여름 숲은 청춘을 자랑하네.

향기 없어 벌 나비 찾지 않지만

가을 단풍잎 어찌 돌고 도는 윤회를 탓하랴?

春花誇艶態, 綠樹擺靑春. 춘화과염태, 녹수파청춘.

沒馥無蜂蝶, 丹楓奈責輪. 몰복무봉접, 단풍내책륜.

■ 애련지(愛蓮池)

애련지

불로문을 지나면 바로 왼편에 사각 연못이 나타난다. 애련지(愛蓮池)이다. 이곳에도 부용지처럼 여름이면 연꽃이 피어 관람객의 발길을 붙잡는다. 특히 연못가에 요염한 자태를 뽐내고 있는 애련정(愛蓮亭)과 함께 사철 가경을 이룬다. 애련정은 정면, 측면 각각 한 칸의 사모 기와지붕 형태의 정자이다. 『궁궐지』[75]에 1692년(숙종 18년)에 연못 가운데 섬을 조성하고 정자를 지어 愛蓮亭이라고 이름 지었다는 기록이 있다. 숙종이 지은 「어제기(御製記)」[76]에도 애련정을 지었다고 하였는데, 기록과 달리 애련정은 섬이 아닌 연못가에 있다. 「동궐도」에는 지금의 모습으로 묘사돼 있어 그사이 변화가 있었던 것으로 보인다. 애련정의 네 기둥 중 두 개가 물속에 잠기어 건물의 반은 수면에 반은 석축에 걸쳐있는 형상이다. 늘 오색단장하고 그리운 이를 기다리는 모습을 하고 있어 정겹다. 정자 뒤에는 수석이 세워져 있고, 연지로 물이 흘러들어오는 곳은 잘 다듬은 석재들로 꾸며져 있다. 정자 서쪽 연못가 돌에는 '태액(太液)'이라는 글자가 전서로 새겨져 있다.

'태액'이라 써있는 돌

75) 『궁궐지 1』, 59쪽: 愛蓮亭在魚水堂東 肅宗十八築島于池中搆亭名曰愛蓮
76) 『궁궐지 1』, 136쪽, 59쪽: 肅廟御製記亭曰以愛蓮名

숙종은 「어제기(御製記)」에서 "연꽃은 더러운 곳에 있으면서도 변하지 않고 우뚝 서서 치우치지 않으며, 지조가 곧고 깨끗하여 군자의 덕을 지녔기 때문에 이러한 연꽃을 사랑하여 새 정자의 이름을 애련정이라 지었다."라고 밝히고 있다. 이는 다분히 중국 북송의 사상가 주돈이(周敦頤, 1017~1073)의 애련설에 영향을 받은 것으로 스스로 주렴계(周濂溪: 주돈이)와 뜻이 같음을 밝히고 있다.

숙종은 조선 제19대 왕으로 이름은 돈(焞), 자는 명보(明普)이다. 현종과 명성왕후의 외아들로 태어났다. 14세의 나이로 즉위하여 재위 47년 동안 왕권을 강화하고 민생안정에 주력하였다. 숙종 연간에는 예송논쟁(禮訟論爭), 경신환국, 기사환국, 갑술환국 등 붕당정치가 절정에 이르면서 그 폐해가 드러나기도 했다. 그러나 숙종 시대는 정쟁은 격화되었으나 사회 전반의 체제가 정비되고 대동법과 균역법 등 시행으로 조세제도가 정비되고, 북한산성 등 개축, 5군영 체제 확립, 백두산정계비의 건립과 통신사 파견 등 내치와 외치가 균형 잡힌 시기로 왕권이 강화되었다. 숙종은 문예에도 상당한 관심을 기울여 『열성어제』에 시 816수, 문 292편이 실려있다.

〈愛蓮亭〉 애련정 김범중

못가에 빼어나게 아름다운 정자

어이하여 두 다리 물에 담갔는지.

사랑하던 왕비 떠난 지 오래되었지만
일편 연심 아직도 정자에 남아 있으리.

水邊孤艶閣, 雙脚怎浸潭. 수변고염각, 쌍각즘침담.
愛后還離久, 戀心在玉樿. 애후환리구, 연심재옥담.

〈靠亭思嬪〉 애련정에서 희빈을 생각하다 김범중

화려한 비단을 두른 오색 정자
홀연히 희빈이 내려와 앉은 듯.
바람결에 왔다 바람 따라 사라졌지만
오직 숙종 임금님 사랑한 것뿐이라오

綺袗包娟閣, 禧嬪奄忽踊. 기진포연각, 희빈엄홀용.
隨風來去惜, 思慕只肅宗. 수풍래거석, 사모지숙종.

궁녀였던 장옥정은 숙종의 눈에 들어 후궁이 되었고, 왕자 윤(昀)을 출산하여 희빈의 자리에 올랐다. 격심한 당쟁의 와중에 윤을 세자로 책봉하는 과정에서 서인을 배제하고 인현왕후 민씨를 폐위하였다(기사환국). 또한 서인이 민씨를 복위하는 과정에서 남인을 제거하고 왕비까지

되었다(갑술환국)가 강등된 장희빈은 인현왕후를 저주하기 위해 요물을 창경궁 통명전 주위에 묻어 두었다가 발각되어 취선당에서 사약을 받았다. 이따금 숙종과 함께 애련정에 들렀다는 이야기가 전해진다.

<愛蓮池龍> 애련지 용 김범중

> 빙천에서 흘러오는 맑은 물
> 연경당 앞에 잠시 머무르네.
> 한줄기 물줄기 태액을 이루니
> 못 속의 용 종사의 지킴이 되었으리.

氷川淸水出, 片刻駐堂前. 빙천청수출, 편각주당전.
一流成太液, 池龍守闕眠. 일류성태액, 지용수궐면.

*太液(태액)'은 큰물이라는 뜻이다. 태액지는 원래 중국 한나라의 건장궁(建章宮) 북쪽에 있던 연못 이름이며, 연못이 굉장히 넓기 때문에 태액이라는 이름을 붙였다고 전한다. 당나라의 대명궁(大明宮) 함량전(含凉殿) 뒤쪽에도 같은 이름의 연못이 있었는데, 백거이(白居易, 772~846)의 「장한가(長恨歌)」에 "太液芙蓉未央柳(태액부용미앙류) 태액지의 연꽃과 미앙궁의 버들이로다." 라는 구절이 있다.[77]

---

77) 네이버지식백과

백로의 가을 나들이

<逍遙鶴> 산책하는 백로 김범중

　해거름 구름은 수색을 물들이고

　노을과 단풍은 정자를 수놓네.

　연못의 풍광 한 폭의 비경을 이루니

한 마리 백로 신선 되어 자연의 조화를 즐기네.

暮雲濡樹色, 霞葉繡亭棍. 모운유수색, 하엽수정진.

池岸爲佳景, 孤仙樂昊鈞. 지안위가경, 고선락호균.

늦가을 단풍잎

\<紅帕\> 꽃 댕기 김범중

계곡마다 찬 바람 불고
애련지 맑은 물엔 살얼음 얼었네.
한 그루 단풍나무 붉은 목도리 두르고
속절없이 가는 세월 붙잡네.

冷氣吹深谷, 蓮池帶淺氷. 냉기취심곡, 연지대천빙.
一楓含赤帕, 抓住歲華憎. 일풍함적파, 조주세화증.

*歲華(세화): 세월

연꽃은 아시아 남부와 오스트레일리아 북부가 원산지로 추정된다. 생육 환경은 습지나 마을 근처 연못 등에서 자란다. 잎은 뿌리줄기에서 나와 1~2m까지 자라며 잎자루 끝에 둥근 모양으로 달린다. 꽃은 6~7월에 줄기 끝에 한 송이 피며, 색상은 연한 분홍색 또는 백색으로 핀다. 연과 비슷한 수련과의 수련은 같은 연으로 부르기도 하는데 서로 다른 종이다. 수련의 종명은 Nymphaea tetragona이다. 수련의 잎은 연처럼 수면 위로 자라지 않고 수면에 떠있는 형태로 꽃도 5~23㎝로 수면에 떠서 피며, 연꽃보다 좀 작은 편이다. 수련은 낮에만 꽃이 피고 밤에는 꽃잎이 닫히는 특징이 있다. 그래서 睡蓮(수련)이라는 이름을 얻은 듯하다.

연꽃

  불교에서 연화는 지저분한 연못에서 청정하고 아름다운 꽃을 피워 내는 모습이 사바세계에 존재하는 부처님의 가르침과 같다고 하여 불교를 상징하는 꽃이 되었으며, 무명 속에서도 깨달음을 얻어 성취되는 진리를 의미하기도 한다. 또한 연꽃은 군자의 풍모를 지녔다고 하여 유학자들이 매우 사랑했던 꽃이다. 사찰의 기와에 각인된 연꽃이 청정·미묘·화생의 상징인데 반하여 궁궐 기와에 각인된 연꽃은 고고한 군자의 상징이다.

  조선 시대 원예학자 유박(柳璞, 1730~1787)이 지은 『화암수록』에는 '화목구품제'라 하여 꽃을 9등급으로 나누어 품계를 정했는데, 연꽃은 매화와 더불어 1품에 속하는 꽃으로 기록되었다. 윤선도가 보길도에 은거할 때 정원 이름을 '부용동(芙蓉洞)'이라 한 것이나 거처를 익청헌(益靑軒)이라 명명한 것도 연꽃을 너무 사랑해서이다. 애련정에 앉아 연꽃을 보며 즐기는 시간은 단순한 볼거리를 완상하는 차원에 그치는 것이 아니라 연꽃의 실상을 구하여 이른바 인(仁)을 구하고 경(敬)을 행하여 몸을 닦고 사람을 다스리는 도를 구하는 시간이 될 수 있는 것이다.

효명세자가 지은 시 의두합 10경 중 「晩風荷香」이란 시가 『궁궐지』에 전한다.

<晩風荷香[78]> 만풍하향　효명세자(1809~1830)

가을이 새로 와 연꽃이 피니

꽃기운이 연못 앞에 모이는구나.

물이 나오니 그림자는 우뚝하고

바람 따라 향기가 번지네.

깨끗함은 모름지기 군자의 절조이고

맑음은 미인이 화장한 듯하네.

돌아서서는 번화함을 보고 웃는데

모란이 홀로 멋대로 피어나서라네.

---

78) 『궁궐지 1』, 132쪽, 58쪽

新秋開函萏, 花氣藹前塘. 신추개함담, 화기애전당.

水出亭亭影, 隨豊冉冉香. 수출형형영, 수풍염염향.

潔宣君子操, 淡似美人粧. 결선군자조, 담사미인장.

回笑繁華者, 牧丹獨擅芳. 회소번영자, 목단독천방.

〈蓮花二題〉 연꽃 2수 김범중

1

진흙 속에서 고통을 견디며

부처님 같은 연꽃 탐스럽게 피었네.

꽃잎마다 해탈의 경지 품었으니

수신하러 어찌 절로 들어가랴.

泥中禁困苦, 如佛菡花罨. 니중금곤고, 여불함화암.

朵朵含超脫, 修身奈入庵. 타타함초탈, 수신내입암.

2

봄에 피는 매화 짙은 향기를 자랑하고

여름 목단은 화사한 자태를 뽐내네.

군자가 초여름 연꽃을 사랑함은

진흙 속에 피어난 우아함 때문이라네.

梅花驕厚馥, 芍藥耀華風. 매화교후복, 작약요화풍.

大雅思蓮葉, 泥中一朵紅. 대아사연엽, 니중일타홍.

　* 大雅(대아): 군자

다음은 조선 중기 여류시인 허난설헌의 연꽃에 관한 시이다.

<采蓮曲[79]> 연꽃 따며 부르는 노래,

허난설헌(許蘭雪軒, 1563~1589)

　　맑은 가을 넓은 호수에 옥빛 물이 흐르는데

　　연꽃 어우러져 으슥한 곳에 목란배 매어두고

　　물 건너편에 있는 임에게 연밥을 던지다가

　　저 멀리서 남들이 보아 한나절 부끄러웠네.

秋淨長湖碧玉流, 荷花深處繫蘭舟. 추정장호벽옥류, 하화심처계란주.

逢郞隔水投蓮子, 遙被人知半日羞. 봉랑격수투연자, 요피인지반일수.

---

79) 네이버지식백과

애련지 수련

<睡蓮> 수련 김범중

줄기는 짧지만 연꽃보다 아름다운 꽃

수면에서 서로 경쟁하며 살아가네.

둥근 잎에 하얀 꽃송이 청초한데

한밤엔 고운 얼굴 숨기네

棵短佳于藕, 相爭水面生. 과단가우우, 상쟁수면생.

白花圓葉素, 深夜妖容傾. 백화원엽소, 심야요용경.

▌ 연경당(演慶堂)

연경당 사랑채

연경당(演慶堂)은 애련지 북쪽 삼면이 숲으로 우거진 언덕 사이 안온한 터에 남향으로 자리 잡고 있다. 이곳은 옛 진장각(珍藏閣) 터로 앞쪽에 작은 시냇물이 흐르는 명당이다. 1827년(순조 27년) 효명세자가 동궁에 있을 때 사대부의 살림집처럼 지었는데, "순조에게 존호를 올리는 경축 의식을 이곳에서 치르기 위함이었다.["80]라고 한다. 사랑채의 당호 '연경(演慶)'이 전체 공간의 이름으로 불리게 되었다. '연경(演慶)'은 경사가 널리 퍼진다는 의미라고 한다.『궁궐지』에 연경당의 건립

80)『동국여지비고』 권1 「경도(京都)」

시기를 1828년이라고 했는데, 『한경지략(漢京識略)』에는 효명세자가 대리청정을 맡았던 1827년(순조 27년)에 지었다고 밝혔다. 『무자진작의궤(戊子進爵儀軌)』[81]에는 1828년 모후의 나이 40세가 되는 것을 기념하는 진작연 연습을 연경당에서 했다는 기록이 있다.

연경당 선향재

연경당의 중심 건물은 사랑채와 안채 그리고 서재이다. 연경당은 사랑채 14칸, 안채 10칸 반, 선향재 14칸, 농수정(濃繡亭) 1칸, 북행각 (北行閣) 14칸 반, 서행각(西行閣) 20칸, 남행각(南行閣) 21칸, 외행각 (外行閣) 25칸 등 총 120칸 규모이다. 사랑채는 6칸의 온돌방과 마루

---

81) 1828년(순조 28) 순원왕후(純元王后, 1789 1857)의 40세 생일을 경축하는 의미로 2월과 6월에 각각 거행된 2차례의 진작(進爵) 의식에 대해 기록한 의궤로, 1849년 儀軌監印廳에서 발간하였다(네이버지식백과).

로 구성되어 있다. 오른쪽 첫째 칸에 딸린 누마루는 여름철에 손님을 맞이하여 차를 마시거나 담소하는 공간으로, 사대부들의 취향을 잘 보여주는 건물 공간이다. 안채에는 누마루와 노둣돌이 없는데, 이는 안주인과 바깥주인의 생활 패턴이 다른 것을 상징적으로 보여준다. 사랑채 옆에 있는 선향재는 책을 보관하거나 독서하는 일종의 서재 건물이다. 이 건물의 특색은 정면의 차양과 측면 벽체와 장식 문양이다.

연경당 진작례 중 춘앵전 모습
(한국예술 종합학교, 2006, 출처: 문화재청 창덕궁 관리소)

1827년 대리청정을 시작한 효명세자는 이듬해 1828년 정월에 모후의 나이 40세를 기념해 자경전에서 술잔을 올리는 진작연을 열었다. 그해 6월 모후의 생일을 기념해서 연경당에서 다시 진작연을 베풀었다. 이 행사의 전모는 「무자진작의궤(戊子進爵儀軌)」에 그림과 함께 편찬되었다.

무자진작의궤(戊子進爵儀軌)에는 「망선무」, 「만수무」, 「헌천화」, 「경풍도」, 「춘앵전」 등 11종목의 새로운 정재(무용)에 대하여 효명세자가 직접 악장을 지어 춤의 주제를 표현했다고 한다. 이중 춘앵전은 효명세자가 모친 40세 탄신을 축하하기 위해 지은 것으로 봄날 아침 나뭇가지에서 노래하는 꾀꼬리의 자태를 무용화한 춤이다.

농수정

선향재 위쪽에 아담하고 정겨운 자태의 정자는 농수정(濃繡亭)으로 '농수'는 "짙은 빛을 수놓다"는 뜻이다. 즉 녹음 짙은 주변 풍광을 묘사한 이름이다. 예부터 사대부들은 집에서 자연경관을 눈과 마음으로 즐기기 위해 집에 정자를 지었다. 차경(借景)하기 좋은 자리에 정자를 짓고 그곳에서 생활하기를 사랑방에서와 같이하였다.

담장 아래 괴석

〈坐弄水亭〉 농수정에 앉아 김범중

가까이 산 새 소리 요란하고

멀리 계곡 물소리 은은하네.

눈앞이 확 틔어 속세가 멀어지니

귀향하여 정자 짓고 시 지으리.

手頭山鳥啼, 遠處水聲茫. 수두산조제, 원처수성망.

前豁如塵遠, 攸歸作閣章. 전활여진원, 유귀작각장.

　연경당의 정문인 장락문(長樂門) 앞에 커다란 엄나무가 서있고, 괴
석을 받치고 있는 석분에는 네 마리 두꺼비가 엎드려 있다. 석분의 두
꺼비는 달에 살고 있다는 신선 항아(姮娥)의 상징으로 연경당 일대를
선계로 조성하기 위한 묘책이다. 이 밖에 기와에 새겨진 박쥐 문양, 거
미 문양, 담장 아래 괴석 등은 모두 초복진경(招福進慶)의 염원을 담
고 있다.

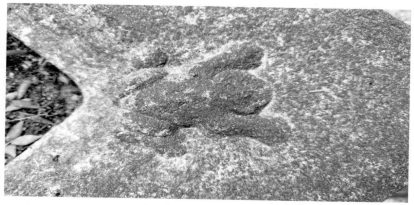

석분의 두꺼비 상

<門前> 장락문 앞에서 김범중

문 앞의 커다란 엄나무 잡귀를 막아주고
네 마리 두꺼비 엎드려 재복을 지켜주네.
기와의 박쥐 역시 경사스러운 일 불러오니
연경당 장락문은 선계를 활짝 열어주네.

海桐門側擋千傀, 俯伏四蟾守萬財. 해동문측당천괴, 부복사섬수만재.
瓦片雕蝙招福氣, 玉閣長樂展仙垓. 와편조편초복기, 옥혼장락전선해.

*엄나무는 두릅나무과에 속하는 낙엽 활엽성 큰키나무로 줄기에 가시가 많아
 엄나무 또는 음나무로 불린다. 엄나무를 집 입구에 심어놓은 것은 엄나무로
 사귀(邪鬼)를 막기 위한 것인데, 집 안으로 들어오는 사귀가 가시에 걸려 들
 어오지 못한다는 속신(俗信)이 있다.
*두꺼비는 예부터 족제비, 구렁이 등과 함께 집지킴이 또는 재복신으로 상징되
 었다. 중국 신화에는 영웅 예의 아내 항아가 약을 훔쳐 먹고 달로 도망가 서
 미운 두꺼비로 변했다는 이야기가 전해진다.

연경당 서북쪽 오솔길 왼쪽에는 한적한 계곡에서 흐르는 빙천이란
실개천이 있다. 이 계곡은 무더운 여름철에도 양쪽 언덕에 우거진 숲
이 햇볕을 가려주므로 어느 곳보다도 시원하며 창덕궁 후원에서 가장
추운 곳으로 알려졌다. 이 물이 흘러 연경당 서쪽 행랑의 마당을 통해
장락문 앞을 흐르는 애련지를 이룬다.

연경당 장락문

〈延慶堂〉 연경당　김범중

일백 칸이 넘는 많은 건물들

단청하지 않아 소박미가 넘치네.

계곡의 맑은 물 청량하게 흐르니

숲속의 산새들 노래하며 반기네.

궁궐의 전각들 크고 웅장한데

옥당의 건물은 작고 산뜻하네.

궁궐에서 백성의 생활상 알고자

순박하게 연경당 지었다네.

一百多房舍, 梁檐拙樸泩. 일백다방사, 양첨졸박생.

澗流溪谷響, 山鳥樹林嚀. 간류계곡향, 산조수림녕.

殿閣高雄大, 堂軒矮小娗. 전각고웅대, 당헌왜소명.

欲知民草苦, 修蓋素家庭. 욕지민초고, 수개소가정.

애련지 권역은 꾸밈없이 자연과 더불어 소박하게 살아가라는 메시지가 담겨있는 것 같다. 특히 궁궐의 왕족이 그와 같은 경험을 함으로써 백성과 더 가까워질 수 있고, 위민치국(爲民治國)의 도를 연마할 수 있는 계기가 되는 곳이기도 하다. 애련지 권역은 효명세자와 밀접한 관련이 있는 지역으로 세자가 제왕 학습을 하던 곳이다. 늘 책 읽고 글 쓰며 문예 군주로서 꿈을 키우던 세자의 모습이 선연하다. 극심한 세도 정치 속에서 백성을 위한 현명한 군주의 길이 무엇인지 사무치게 괴로워했을 모습이 보인다.

효명세자는 용모가 준수하고 총명하며, 효성스러워 순조가 많은 기대를 걸었다고 한다. 세자는 순조의 관심 속에 체계적인 교육을 받으며 왕위의 굳건한 계승자로 성장해 갔다.

짧은 생애(1809~1830)에도 불구하고 문학과 예술에서 남다른 성과를 이룩하여 『경헌시초(敬軒詩抄)』, 『학석집(鶴石集)』, 『담여헌시집(談如軒詩集)』, 『경헌집(敬軒集)』 등 여러 문집을 남겼다. 시가가 약 400여 편으로 자연을 감상하거나 궁궐의 누각에서 풍광을 읊은 작품이 많다. 이 중 누이들과 각별히 우애를 나눈 작품이 눈에 띈다. 효명세자에게는 명온, 복온, 덕온공주 등 누이만 세 명이 있었는데 그의 글 속에는 여동생에 대한 애틋한 정이 담겨있다.

〈月夜思妹〉 달밤에 누이를 생각하며   효명세자(1809~1830)

옥 다락에 한 조각 거울이 걸렸는데
비단 장막에 밤이 춥지 않네.
어찌 산호 편지를 기약하랴
새 시를 난새 그린 종이에 쓰도다.

玉樓一片鏡, 錦帳夜不寒. 옥누일편경, 금장야불한.
那期珊瑚札, 新詩妝素鸞. 나기산호찰, 신시장소난.

효명세자의 또 다른 업적은 궁중 행사인 연회와 관련된 예술 분야이다. 효명세자는 진연, 진찬, 진작 등 궁중 행사를 직접 관장하면서 악장과 가사를 만들고 궁중무용인 정재무(呈才舞)까지 다수 창작했다. 효명세자가 이렇게 연회를 거행하는 데 주력한 이유는 효심에서의 발로와 정치적 포석을 염두에 둔 행보였다고 볼 수 있다. 즉 유교의 근본인 예악을 중시하는 덕망 있는 군주의 존재를 널리 알려 세도정치를 억제하고 왕실의 위엄을 회복하려 했던 것은 아닐까?

문예를 숭상하고 백성을 위한 정치를 추구하여 정조를 잇는 또 한 명의 뛰어난 군주를 볼 수 있는 기회를 잃은 아쉬움이 남는다.

다. 관람지 권역

관람지 전경

애련지에서 나지막한 산모퉁이를 돌아가면 숲속에
곡지(曲池)가 나타나는데 이곳이 관람지이다. 관람지는 연못의 모습이
한반도처럼 생겼기 때문에 반도지(半島池)라고 부르기도 했다. 원래 관
람지 자리에는 삼지(三池)라는 세 개의 연못이 나란히 있었다고 한다. 좌

우 언덕 위 남쪽에는 대나무로 세운 심추정, 북쪽에는 천향각과 척뇌당 (滌惱堂) 등 건물이 있었다. 1907년 순종 황제가 창덕궁으로 이어 한 후 셋으로 나뉘었던 연못을 호리병 모양으로 하나의 연못으로 만들고 못가 북쪽에는 부채꼴 형태의 관람정을 짓고, 건너편 언덕 위에 승재정을 지었다. 우리나라 연못은 네모난 생김새의 방지가 대부분이고, 어떤 형상을 본떠 연못을 조성한 일은 드문 점에 비추어 관람지는 이례적인 연못이라 할 수 있다. 그러나 『궁궐지』, 『동국여지비고(東國興地備考)』 등에는 관람지라는 이름이 없고, 「동궐도」에도 길쭉한 두 개의 방지가 아래위로 나란히 이어져 있으며, 그 아래쪽에 지금 형태의 원형 연못이 묘사되어 있을 뿐이다. 이것은 순종이 창덕궁에 이어 하기 위하여 궁을 수리하기 시작한 1907년 10월경에 조성되었거나 일제강점기에 일본인에 의해 꾸며졌을 것이라고 짐작된다. 지금은 관람지(觀纜池)라 부른다.

이 구역은 응봉에서 동남쪽으로 흐르는 골짜기 중 세 번째 골짜기이다. 골이 가장 깊고 골 사이에 큰물이 흘러 경치가 가장 수려한 곳이다. 연못 주변에 각종 나무가 우거져 빼어난 경관의 숲속에 네 개의 작은 정자가 보일 듯 말 듯 자리 잡고 있다. 각 정자는 저마다 독특한 자태로 관람객의 눈길을 끈다. 관람정에 앉아 잔잔한 물결을 굽어보는 것도 좋지만, 맞은편 언덕 위 숲속에 있는 승재정(勝在亭)에서 나뭇가지 사이로 내려다보이는 관람지의 경관은 한 폭의 그림이다. 관람정과 승재정은 「동궐도」가 그려진 이후에 지어졌기 때문에 「동궐도」에는 보이지 않는다.

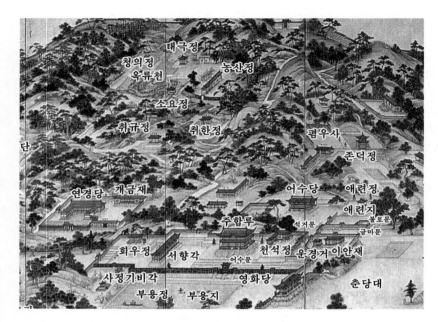

「동궐도」(출처: 문화재청)

〈觀纜池〉 관람지를 돌아보며 김범중

한 모퉁이 돌아드니 또 하나의 비경

선계인지 속세인지 아련하네.

물가에 드리운 나뭇가지 푸릇푸릇 생기 나고

정자마다 주련에는 글 향기 배어나네.

연못 속에 이따금 물고기 유영하는데

숲속엔 귀여운 요정이 나타날 듯 말 듯.

한 마리 백로 짝 찾아 물가를 배회하는데
한 구절 시상 찾는 시인은 떠날 줄 모르네.

繞過山角見風光, 或俗如仙有小量. 요과산각견풍광, 혹속여선유소량.
樹杪池邊生氣起, 聯文柱子字馨揚. 수초지변생기기, 연문주자자형양.
水中魚類時漲落, 林裏妖精如隱藏. 수중어류시창락, 임리요정여은장.
索伴孤鴛徊水涯, 探詩騷客不離塘. 색반고원회수애, 탐시소객불리당.

〈夕池〉 관람지의 석양 김범중

응봉산 단풍은 수채화를 그리고
산자락 석양빛 연못을 물들이네.
색동옷 선남선녀 손잡고 거니니
천하절경 시심을 소환하네.

鷹峯彩樹作紅圖, 棱脊夕陽濡小湖. 응봉채수작홍도, 능척석양유소호.
男女彤衣連手踱, 普天佳景召詩嘔. 남녀동의연수탁, 보천가경소시구.

선남선녀의 가을 나들이

관람지의 겨울 풍광

〈觀纜池冬〉 관람지의 겨울 김범중

새벽 함박눈에 상서로움이 쌓이고
한나절 하늘엔 조각구름 흘러가네.
숲속의 산새 소리 정취를 더하니
시인은 붓 잡아 겨울 풍광을 써 보네.

清晨大雪瑞祺叢, 半日靑天雲片狆. 청신대설서기총, 반일청천운편충.
林裏鳥鳴加妙韻, 詩人把筆寫冬風. 임리조명가묘운, 시인파필사동풍.

▌ 관람정(觀纜亭)

관람지 오른쪽 중간에 위치한 관람정(觀纜亭)은 1907년 순종 황제
가 창덕궁에 이어 한 후 조성된 정자로 곡선상의 평면과 그에 맞춘 곡
선 형태의 지붕을 꾸몄다. 관람정의 '관람(觀纜)'은 닻줄을 바라본다는
의미로 뱃놀이를 구경한다는 뜻을 지니고 있다. 관람정은 두 개의 장
주초석(長柱礎石)이 물에 잠긴 부채꼴 평면으로 꾸며져 있다. 여섯 개
의 둥근 기둥이 지붕을 받치고 있으며, 기둥마다 주련이 쓰여있고 기
둥 사이에 난간이 설치되어 있다. 둥근 모양의 지붕이 아름다우며 나
뭇잎을 닮은 현판이 이채롭다.

관람정

〈觀纜亭〉 관람정에서 김범중

연못가 둥근 지붕 반달처럼 예쁜데

수면에 수련은 물결 따라 출렁이네.

배 띄워 뱃놀이 바라보고 싶건만

배는 보이지 않고 사공만 오락가락하네.

塘邊圓頂若弦瑰, 水面睡蓮隨浪徊. 당변원정약현괴, 수면수련수랑회.

欲見池中浮一舶, 無舟渡子只行來. 욕견지중부일박, 무주도자지행래.

⟨座亭⟩ 관람정에 앉아 김범중

한줄기 스치는 바람 향수를 불러오고
출렁이는 물결은 옛이야기 전해주네.
친구 불러 한잔 술 나누고 싶건만
한 마리 산새 소리 그리움만 더하네.

一風招叔季, 波浪轉舊緣. 일풍초숙계, 파랑전구연.
請友將相盞, 鳥聲益念憐. 청우장상잔, 조성익염련.

*叔季(숙계): 어린 시절

관람정 현판

관람지 주변에는 크고 작은 많은 나무가 물가에 우거져 있다. 특히
관목들이 물속의 수련과 어우러져 연못의 운치를 더해준다. 초봄의

생강나무꽃, 여름에 자귀나무꽃이 피어나 주변의 잡목들과 어우러지고, 가을에는 화사한 단풍잎이 수면에 반사되어 노을빛과 함께 장관을 이룬다.

관람정 단풍

⟨觀纜秋朝⟩ 관람지의 아침 김범중

아침 연못가에 물안개 걷히고
나무 사이 엷은 햇살 그윽하네.
신선들 아직 깨어나지 않았는데
잔잔한 물결은 누가 붉게 물들였나?

曉霧消池岸, 幽光照樹間. 효무소지안, 유광조수간.

神仙還不醒, 誰染水波丹. 신선환불성, 수염수파단.

■ 승재정(勝在亭)

승재정

승재정(勝在亭)은 관람정 앞 연못 건너 언덕 위 숲속에 자리 잡고 있다. 애련정과 언덕을 사이에 두고 있다. 처마가 유난히 날렵한 승재정은 장대석으로 쌓은 4각형의 기단 위에 지어졌다. 사방 1칸 규모의 정자로 모두 4짝의 문이 있는데, 2짝씩 접어 걸쇠에 매달아 놓을 수 있게 되어있다. 둥근 기둥을 사용했고, 난간이 설치되어 있다. 마루가

지상에서 약간 높으며 문살이 섬세한 공예품같이 예쁘고 처마 곡선이
날렵하여 마치 임금이 타는 연(輦)을 보는 것 같다. 전체적으로 다소
섬약한 면이 없지 않으나 주변의 수목과 조화가 뛰어나다.

승재정의 가을

승재정에서 연못을 내려다보면 부채살 모양의 지붕이 아름다운 관
람정이 보이고, 서쪽에는 폄우사와 존덕정이 한눈에 들어온다. 승재정
이 서있는 언덕은 원래부터 있었던 것이 아닐 가능성이 크다는 이야
기가 있다. 실제로 주변 산세를 살펴보거나 「동궐도」에서 이 지역이 거
의 평지로 묘사된 것을 보면 지금의 언덕은 후에 조성된 것으로 추측
된다. 경복궁 아미산의 경우도 경회루 연못을 팔 때 나온 흙으로 쌓았
고, 춘당대 역시 춘당지에서 나온 흙으로 쌓은 것이라 한다. 중국 북
송의 시인 소식(蘇軾, 1037~1101)의 「능허대기(凌虛臺記)」 기문(記文)에

서도 연못을 판 흙으로 대(臺)를 만들었다는 내용이 있다. 흔히 연못을 판 흙을 가장 손쉽게 처리하는 방법은 바로 연못 옆에 흙을 높게 쌓아두는 것이다.

〈望勝在亭二題〉 승재정에서 바라보다 2수 김범중

1
빽빽한 나무 푸른 병풍을 두른 듯하고
자욱한 숲의 향기 내 마음을 맑게 하네.
옷깃 여미고 멀리 무릉도원 바라보니
정자에 앉아 한잔 술 누를 길 없어라.

叢叢樹木若蒼屛, 郁郁深香滿肺淸. 총총수목약창병, 욱욱심향만폐청.
整衿眺望遙絶景, 難收一盞坐瑤亭. 정임조망요절경, 난수일잔좌요정.

2
멀리 조각구름 겹겹이 쌓여 흐르고
앞 산기슭엔 국화 향기 배어나네.
세상사 모두 작은 티끌 속에 있거늘
어찌하여 서로 비방하는가?

片雲重疊去, 山麓菊香昇. 편운중첩거, 산록국향승.

世事中塵土, 如何彼此憎. 세사중진토, 여하피차증.

▌ 존덕정

존덕정

존덕정(尊德亭)은 관람지 상류에 위치하고 있다. "1644년(인조 22년)에 건립되었다. 당초에 육면정이라 불렸으나 후에 지금의 이름으로 개칭되었다".[82] 건물 일부가 연못 위에 떠있는 형태로 6각형을 기본 평면

---

82) 『궁궐지 1』, 61쪽: 仁祖二十二年甲申建初稱六面亭後改是

으로 하고 있으며, 각 모서리에 굵고 둥근 기둥을 세우고 그 위에 지붕을 얹은 모습이다. 주변을 돌아가며 툇간을 한 겹 돌렸는데 모서리마다 보조 기둥 2개를 포함한 3개의 가느다란 기둥을 세웠다. 그 위에 처마를 설치해 겹처마 지붕이다. 6각 천장에는 두 마리 용이 여의주를 희롱하는 형상이 그려져 있다. 존덕정은 후원 내 유일한 육각형 정자로 중국건축의 부계와 같은 방식의 덧지붕을 달았다.

『궁궐지』[83]에 건물 내부에 선조의 시와 인조의 어필이 현판으로 걸리고, 헌종이 쓴 존덕정 편액이 있다고 했으나 지금은 북쪽 창방에 정조가 지은 '萬川明月主人翁自序(만천명월주인옹자서)'란 편액이 걸려있다.

존덕정 편액

萬川明月主人翁自序(만천명월주인옹자서)는 정조가 스스로 지은 호이다. 만개의 물줄기를 비추는 하늘의 달은 오직 하나라는 뜻으로 자신을 달에 비유하고 세상 사람들을 물에 비유하여 절대군주의 강력한 의지를 담았다. 주요 내용은 다음과 같다.

---

83) 『궁궐지 1』, 142쪽

"내가 바라는 것은 성인을 배우는 일이다. 비유하자면 달이 물속에 있어도 하늘에 있는 달은 그대로 밝다. 그 달이 아래로 비치면서 물 위에 그 빛을 발산할 때 용문(龍門)의 물은 넓고도 빠르고, 안탕(雁宕)의 물은 맑고 여울지며, 염계(濂溪)의 물은 검푸르고, 무이(武夷)의 물은 소리 내어 흐르고, 양자강의 물은 차갑고, 탕천(湯泉)의 물은 따뜻하고, 강물은 담담하고 바닷물은 짜고, 경수(涇水)는 흐리고 위수(渭水)는 맑지만, 달은 각기 그 형태에 따라 비춰줄 뿐이다. 물이 흐르면 달도 함께 흐르고 물이 소용돌이치면 달도 함께 소용돌이친다. 그러나 그 물의 원 뿌리는 달의 정기(精氣)이다. 거기서 나는 물이 세상 사람들이라면 달이 비춰 그 상태를 나타내는 것은 사람들 각자의 얼굴이고 달은 태극인데, 그 태극은 바로 나라는 것을 알고 있다. 이것이 바로 옛사람들이 만천(萬川)의 밝은 달에 태극의 신비한 작용을 비유하여 말한 그 뜻이 아니겠는가? 저 달이 틈만 있으면 반드시 비춰준다고 해서 그것으로 태극의 테두리를 어림잡아 보려고 하는 자가 혹시 있다면 그는 물속에 들어가서 달을 잡아 보려는 것과 다를 바 없는 아무 소용 없는 것임을 알고 있다. 그리하여 나의 연거(燕居) 처소에 '만천명월주인옹(萬川明月主人翁)'이라고 써서 자호(自號)로 삼기로 한 것이다".[84]

정조는 이외에 여러 인장을 만들어 왕권 강화와 권위를 상징하는 증표로 활용하였다. 대표적인 인장이 규장지보(奎章之寶), 홍재(弘齋), 만기지가(萬幾之暇) 등이다.

「동궐도」에는 존덕정 옆에 네모반듯한 연못이 있고, 그 상류에 반달

---

84) 네이버지식백과

모양의 연못이 하나 더 있는 것으로 그려져 있다. 지금의 연못 모양이 변형된 것임을 알 수 있다. 존덕정의 존덕(尊德)은 『중용(中庸)』에 나오는 존덕성(尊德性)과 도문학(道問學)과 관련이 있다. 덕성은 성의 본연을 가리켜 말하는 것이다. 왕은 마땅히 덕성을 존중하고 덕을 바탕으로 한 정치를 행해야 성군이 되는 것이며, 그런 성군이 나타날 때 비로소 나라와 백성이 편안해지는 것이다.

〈존덕정 주련〉

태평성세에 즐겁게 놀며 덕화의 날은 기니
온갖 백성 교화되어 봄바람 화창하네.
뭇 백성들 한결같이 태평성대로 나아가게 하고
근신들도 모두가 봉래산 잔치에 허락받았네.
고운 봄날 비단 치마는 상림원에 향기롭고
하늘까지 치솟는 피리 소리는 요대를 뒤흔드네.

盛世娛遊化日長, 羣生咸若春風暢. 성세오유화일장, 군생함약춘풍창.
庶俗一令趨壽域, 從官皆許宴蓬山. 서속일령추수역, 종관개허연봉산.
艶日綺羅香上苑, 沸天簫鼓動瑤臺. 염일기라향상원, 불천소고동요대.

<思仁祖> 존덕정에서 인조를 생각하다   김범중

반정에 의해 옥좌에 올랐으나
어려운 정국은 계속되었다네.
대외정책 소홀로 국난을 초래했고
내정 불안으로 민생이 어려웠다네.
두 아들 청국 인질로 왕실의 근심 커졌고
백성은 세자의 갑작스러운 죽음을 의심했다네.
세손 유배 보내 적손이 끊기고
차자 왕위에 올라 부왕의 뜻을 이었다네.
후원에 정자 지어 해마다 방초는 피어나는데
삼전도 굴욕 역시 역사에 길이 남아있네.

參加反正着王冠, 政局艱難連續歎.   참가반정착왕관, 정국간난연속탄.
誤判外情宗社患, 不安內治萬民寒.   오판외정종사환, 불안내치만민한.
雙嗣人質室愁大, 一子昇遐蒼惑桓.   쌍사인질실수대, 일자승하창혹환.
系男徙邊終嫡子, 二毛登極承爺肝.   계남사변종적자, 이모등극승야간.
後苑開亭時朶放, 三田屈辱亦傳洹.   후원개정시타방, 삼전굴욕역전원.

*反正(반정): 인조반정
*系男(계남): 손자
*徙邊(사변): 변방으로 유배 보냄
*二毛(이모): 둘째 아들

인조는 조선 제16대 왕으로 선조의 손자이며, 아버지는 정원군이고 어머니는 인헌왕후(仁獻王后)이다. 능양군(綾陽君)으로 봉해졌다가 1623년 김휴, 김자겸 등과 더불어 반정[85]을 일으켜 왕위에 올랐다. 광해군 대의 중립 외교정책을 지양하고 국제 정세를 오판하여 반금 친명 정책을 표방함으로써 정묘호란(丁卯胡亂), 병자호란(丙子胡亂)을 초래하였다. 남한산성에서 최후의 항전을 하다 삼전도에서 항복하여, 소현세자 등이 청국에 8년간 인질 생활을 해야 하는 오욕의 역사를 남겼다. 병자호란 전에는 정통성 문제로, 그 후에는 청국의 요구로 세자에게 왕위를 물려줄까 불안해했다. 소현세자의 석연치 않은 의문사, 세자빈 강씨의 폐위와 사약, 세손의 제주도 유배, 원손이 있음에도 차자인 봉림대군을 세자로 책봉한 점 등 일련의 이해되지 않는 정치 행위를 하였다.

그러나 후원의 여기저기에 여러 정자를 지었다. 특히 옥류천에 물길을 트고 태극정 등 주요 정자를 지었다.

<尊德亭> 존덕정　김범중

맑은 연못가 오묘한 육각 정자
아름다운 이중 처마 이채롭네.

---

85 옳지 못한 임금을 폐위하고 새 임금을 세워 나라를 바로잡음 또는 그런 일

천정의 쌍용 여의주 물고 춤을 추니

궁궐에 상서로운 빛 끊이지 않았으리.

妙亭六角有淸池, 重疊芳檐見異奇. 묘정육각유청지, 중첩방첨견이기.

天頂二龍含玉舞, 詳雲不斷滿宮邳. 천정이용함옥무, 상운부단만궁비.

〈亭杏〉 존덕정 은행나무 김범중

한 그루 은행나무 정자를 둘러 병풍 되고

아름다운 연못가엔 황금 가루가 반짝이네.

우람한 자태 세상에 큰 덕 펼치고

소왕의 지혜를 찬양하며 구름과 짝하네.

繞亭一杏作瑤屛, 水面玉池金粉晶. 요정일행작요병, 수면옥지금분창.

雄大黃姿施大德, 駢雲禮讚素王明. 웅대황자시대덕, 변운예찬소왕명.

*素王: 왕위는 없지만, 임금으로서의 덕을 갖춘 사람. 공자

존덕정 은행나무

　은행나무는 은행나무과 나무로 갈잎 큰키나무이다. 어린잎이 오리
발을 닮았다고 해서 압각수(鴨脚樹)라고도 한다. 은행나무가 지구상에
나타난 것은 약 2억 5천만 년 전이라고 한다. 고생대에 나타나 신생대
를 거쳐 현재까지 살고 있다. 그래서 살아있는 화석나무라 한다. 은빛
살구씨 같다고 해서 은행(銀杏)이라는 이름을 얻었으며, 공자가 제자를
가르쳤던 행단을 상징하는 나무이기도 하다. 이것이 우리 조상들이 성
균관이나 서원 등에 은행나무를 많이 심은 이유이다.
　용문산 은행나무는 신라 마지막 왕 경순왕의 아들 마의태자가 금강
산 가는 길에 용문사에 심은 나무로 천연기념물 30호이다.

⟨臨尊德亭池邊⟩ 존덕정 연못가에서   김범중

굽이굽이 심산유곡 흐르는 물
돌고 돌아 아름다운 연못 만들었네.
한평생 굴곡지게 살아온 인생
어떻게 흐르는 물처럼 살 수 있을까?

深山彎水洞, 轉轉作佳溝. 심산만수창, 전전작가구.
曲折人生路, 如何活若流. 곡절인생로, 여하활약류.

⟨尊德亭甘棠⟩ 존덕정 팥배나무   김범중

맑은 물 흐르는 돌다리 건너 옥당이 자리 잡고
연못 건너 산자락에는 승재정이 굽어보네.
오색 단풍잎 아름다운 연못을 감싸는데
물가의 팥배나무는 머리 숙여 생각하네.

石橋過渡有金堂, 勝在隔池低首望. 석교과도유금당, 승재격지저수망.
紅葉楓枝嬰秀澤, 甘棠水畔伏頭量. 홍엽풍지영수택, 감당수반복두량.

존덕정 팥배나무

꽃잎은 배꽃과 비슷하고 열매는 팥과 같다고 해서 팥배나무라 한다. 한자로는 감당(甘棠) 또는 두(杜)이다.

고려 말 이성계가 역성혁명을 일으켜 조선을 세우자 고려 충신 72명은 지조를 지켜 새 왕조의 회유를 끝까지 거절하였다. 그들의 온갖 압력과 회유를 뿌리치고 개성의 송악산 아래 팥배나무가 많은 두문동 깊은 곳에 은거하자 태조가 불을 질러 모두 죽게 했다는 기록이 있다. 여기서 "두문불출(杜門不出)"이라는 성어가 유래되었다고 한다.[86]

---

86) 『감동이 있는 나무 이야기』, 296쪽

▋ 폄우사(砭愚榭)

폄우사

　폄우사(砭愚榭)는 존덕정 서남쪽 산기슭 언덕에 있는 정자이다. 효명
세자가 자주 들러 독서하던 곳으로 건립 연대는 분명하지 않으나 『궁
궐지』에 정조가 지은 시 「폄우사영(砭愚榭四詠)」[87]이 실려있는 것으로
보아 1800년 이전에 세워진 것으로 추정된다. 「동궐도」에 폄우사는 세
칸 건물로 남쪽으로 담장이 이어지고, 담장 끝에 두 칸 건물이 더 있
는 것으로 보인다. 지금은 정면 세 칸, 측면 한 칸의 맞배지붕으로 단
출한 모습이다.

---

87)『궁궐지 1』, 143쪽, 61쪽

펌우는 "어리석은 자에게 돌침을 놓아 깨우치게 한다"는 뜻이다. '스스로 마음을 다잡는다.'라는 말로 쓰인다. 펌은 돌침인데 돌침을 놓아 병을 치료한다는 뜻을 포함하고 있다. 북송의 성리학자 장재(張載, 1020~1077)가 글을 가르치던 서원의 동쪽 창문에 '펌우'라는 제목의 글을, 서쪽 창문에 '정완(訂頑)'이란 제목의 글을 써 붙여 경계의 지침으로 삼은 적이 있다. 그는 나중에 이를 동명(東銘)과 서명(西銘)으로 바꾸었다.[88]

〈砭愚榭〉 펌우사에서   김범중

존덕정 옆 숲속의 아름다운 정자
효명세자 늘 들러 명상에 잠기던 곳.
세속의 어리석음 깨우치고자 들렀더니
선명한 편액 마음 먼저 비우라 하네.

邊旁尊德一亭憎, 世子常來入意深. 변방존덕일정음, 세자상래입의심.

提醒愚癡初入此, 宣明扁額說空心. 제성우치초입차, 선명편액설공심.

---

88)『궁궐의 현판과 주련 2』, 228쪽

■ 청심정(淸心亭)과 빙옥지(氷玉池)

청심정

청심정(淸心亭)은 존덕정에서 옥류천으로 넘어가는 산 중턱 오른쪽 숲속에 자리 잡은 정자이다. 마치 꿩이 날개를 편 듯한 네 개의 처마 곡선이 아름답다. 청심정은 1688년(숙종 14년)에 옛 천수정 터에 지어 졌으며, 능허정처럼 깊은 숲속에 있어 자연에 동화되는 경지를 맛볼 수 있는 정자이다. 『궁궐지』[89]에 정자 동쪽의 협곡수에 홍예교를 놓아 오가는 통로로 삼았다고 했는데, 지금은 그 흔적을 찾아볼 수 없다.

---

89) 『궁궐지 1』, 62쪽: 亭東夾谷水架虹橋以通往來

현재 청심정에 현판은 걸려있지 않다.

정자 앞에 작은 바위 연못이 있는데, 이것을 빙옥지라 한다. 빙옥(氷玉)은 얼음과 같은 옥이라는 뜻인데 맑고 깨끗하다는 의미이다. 또한 빙옥은 고상하고 정결한 인품을 비유하는 표현이기도 하다. 빙자옥질(氷姿玉質)은 얼음이나 옥같이 맑고 깨끗한 자질, 빙기옥골(氷肌玉骨)은 얼음같이 깨끗한 살결과 옥 같은 뼈대라는 뜻으로 미인 또는 매화를 비유하는 말로 쓰인다.

청심정 앞뜰에는 거북 조각상이 있는데 그 거북의 등에 '御筆(어필)'이라 새겨진 금석문이 있다. 정자를 짓고 나서 숙종이 기문을 짓고 「청심완월(淸心玩月)」이란 시를 남겼으며, 정조와 순조도 차운(次韻)한 시를 남겼다.

　

　

〈淸心玩月[90]〉 청심정에서 달구경하다　순조(1800~1834)

선루는 침침하고 이슬 마르지 않았는데
구름 개자 하늘엔 달빛 솟아오르네.
내 마음도 오늘 밤엔 달과 함께 맑아
빙륜 쳐다보느라 난간에 기댈 줄 모르네.

---

90)『궁궐지 1』, 147쪽, 63쪽

仙樓沈沈露未晞, 雲開玉宇月生輝. 선루침침로미희, 운개옥우월생휘.

吾心此夜同淸明, 仰觀氷輪倚檻遲. 오심차야동청명, 앙관빙륜의함지.

〈登淸心亭〉 청심정에 올라 김범중

숲속 헤치며 청심정에 올라오니

자애로운 거북이 엎드려 인사하네.

계곡에 흐르는 물소리 은은한데

숲속 낙엽 지는 소리 요란하네.

한 떨기 단풍잎 내 마음 붉게 물들이니

세속의 찌든 때 깨끗이 씻어주는 듯.

나뭇잎 사이 낙조 나에게 떠나라 하는데

어지러운 속세 눈앞에 아른아른하네.

上路臨森閣, 慈龜伏請安. 상로임삼각, 자구복청안.

水聲溪谷靜, 楓颯樹林桓. 수성계곡정, 풍삽수림환.

一葉濡心赤, 多泥離體殘. 일엽유심적, 다니이체잔.

夕陽言退去, 凡世眼前看. 석양언퇴거, 범세안전간.

<氷玉池> 빙옥지 김범중

울창한 숲 사이 맑은 물 흘러

바위 사이 아름다운 연못 만들었네.

빙옥같이 맑은 내 마음

돌 위에 엎드린 거북이 알아주겠지.

郁林淸水淌, 間碏有金池. 욱림청수창, 간변유금지.

我肺如氷玉, 蹲龜石上知. 아폐여빙옥, 준구석상지.

*거북: 거북이는 파충류 동물로 예부터 장수, 사랑, 인내, 다산, 행복, 용기 등
  다양한 의미를 상징한다.

빙옥지

▌능허정(凌虛亭)

능허정

취규정을 지나 왼편 숲속 언덕을 오르면 소박한 정자가 반겨준다. 후원에서 가장 높은 산 정상의 사면에 위치한 능허정(凌虛亭)이다. 능허정은 숲속 깊이 묻혀 자연에 동화되는 느낌을 준다. 능허정은 1691년(숙종 17년)에 건축된 것으로 알려졌으며, 방형의 전돌을 깐 기단 위에 세워진 정면·측면 각 1칸의 건물로 사모지붕을 얹은 사각 정자이다. 기둥은 둥글고 출입구를 제외한 3면에 난간이 설치되어 있다. 천정에는 한 송이 꽃구름이 떠 있다.

능허정 꽃구름

　나뭇잎이 떨어진 겨울철에 능허정에 올라오면 후원 전체의 모습이
한눈에 들어온다. 높은 곳에 있는 정자인 만큼 '능허(凌虛)'라는 절묘
한 이름을 갖고 있다. '능허'란 시원하게 높이 솟아 있다는 뜻으로 산
봉우리, 대(臺), 다리 등에도 능허라는 이름이 있는데, 모두 현실과 다
른 차원의 이상 세계에 대한 동경심이 담겨있다고 한다. 능허정은 청
심정과 같이 일반인의 관람이 제한되어 있다.

〈凌虛亭〉 능허정에서　김범중

안개 낀 산등성에 힘들게 올라오니

능허정 꽃구름 날 반겨주네.

옆에는 산새 소리 즐겁고

앞엔 멀리 도원이 아득하네.

아름다운 승재정 이에 비할 수 없고

청심정 높다 한들 발아래 있네.

풍진 속 살아온 한평생

예서 구름과 함께 살고 싶네.

費力登雰麓, 花雲可喜迎. 비력등분녹, 화운가희영.

回頭山烏樂, 瞰脚武陵呈. 회두산조락, 감각무릉정.

勝在佳于劣, 淸心高足兄. 승재가우열, 청심고족형.

終身中世俗, 吾欲與雯生. 종신중세속, 오욕여문생.

능허정을 지나 대보단 방향으로 언덕을 넘으면 오른쪽에 숲속에 천연기념물로 지정된 다래나무가 있다. 이 나무는 수령이 약 600년 이상으로 추정되고 높이 19m, 밑둥 둘레가 1m를 넘으며, 6개 정도의 굵은 줄기가 사방으로 뻗어있다. 특별히 타고 올라갈 지지대 없이 이리저리 엉키면서 자라는 모습이 독특하고, 줄기의 껍질이 벗겨져 일어나는 점도 특이하다. 창덕궁이 세워지기 전부터 이곳에서 살고 있던 것으로 생각되며, 우리나라 다래나무 중 가장 크고 오래된 나무로서 생물학적 보존 가치가 크다. 또한 궁궐 속에서 자라온 역사적 자료로서의 가치도 있다.

〈老羊桃〉 노령의 다래나무　김범중

옥류천 넘어 깊은 산속 노령의 다래나무
수많은 잡목 속에서 천년을 사네.
물도 없는 곳에서 한 마리 용 되어
무슨 일로 승천하지 않고 있나?

丘壑羊桃老, 林中渡萬年. 구학양도노, 임중도만년.
一龍無澤活, 何以不昇天. 일용무택활, 하이불승천.

노령의 다래나무

라. 옥류천 권역

존덕정에서 옥류천에 오르는 길

존덕정 앞에서 숲이 우거진 언덕을 오르면 기다렸
다는 듯이 취규정(聚奎亭)이 반겨준다. 취규정을 지나 우측 숲길을 조
금 내려가면 고즈넉한 분위기가 감도는 옥류천 권역이 나타나며, 가
장 먼저 취한정(翠寒亭)이 활짝 웃으며 반긴다. 이어서 후원의 가장 깊
은 곳에 숲과 바위 사이를 휘돌아 흐르는 실개천이 보인다. 옥류천을

따라 그 주변에 청의정, 태극정, 소요정, 농산정 등이 소박하고 아름다운 자태로 서있다. 역대 왕들이 이곳에서 신하들과 함께 꽃을 감상하고 넓은 바위 위를 흐르는 물가에 앉아 유상곡수(流觴曲水) 풍류를 즐겼다고 한다. 옥류천 물줄기는 숭산(崇山)이라는 언덕에서 흘러 궁장을 지나 문묘 앞으로 흘러간다. 주위를 낮은 산과 언덕이 둘러싸고 동쪽으로 작은 분지를 이루고 있다. 헌종 때 이곳을 옥류동(玉流洞)이라 하였고, 옥류천을 구곡수(九曲水)라 하여 주자의 무이구곡(武夷九曲)에 비유하고 있다.

옥류천 전경

옥류천은 위이암(逶迤巖)이라 불리는 큰 바위 아래 넓고 평평한 암반에 파인 활모양의 물굽이를 따라 흐르다가 바위에서 작은 폭포가 되어 떨어지면서 아름다운 경관을 연출한다. 위이암은 인조 14년(1636년)에 커다란 바위인 소요암을 깎아 만들었다. 주위에는 노송과 전나무, 참나무 등 잡다한 나무들이 울창한 숲을 이루고 있어 옥류천 권역은 후원 가운데서도 가장 은밀하고 그윽한 공간으로 꼽힌다. 근처의 소요정(逍遙亭)·태극정(太極亭)·청의정(淸漪亭) 등과 함께 후원에서 가장 아름다운 경치를 간직하여 많은 임금께서 특별히 사랑했던 곳이다. 소요암에는 인조가 쓴 '玉流川'이라는 어필 위에 숙종의 오언절구 시가 새겨져 있다.

소요암 숙종의 어제 시문

<御製詩[91]> 어제시 숙종(1661~1720)

날아 흐르는 물은 삼백 척이요

아득히 떨어지는 물은 구천에서 내린다.

91) 『궁궐지 1』 161쪽, 67쪽

볼 때는 흰 무지개 일고

기운찬 소리는 온 골짜기에 천둥 번개를 이룬다.

飛流三百尺, 遙落九天來. 비류삼백척, 요락구천래.

看時白紅起, 翻成萬壑雷. 간시백홍기, 번성만학뢰.

암반 위에 패인 물굽이는 옛날 유상곡수(流觴曲水) 놀이하던 풍류의 흔적이다. 임금이 신하들과 둘러앉아 물굽이를 따라 흐르는 물에 술잔을 띄우고 시를 읊는 풍류놀이로, 그냥 곡수 놀이라고도 한다.

유상곡수 연은 흐르는 물에 술잔을 띄워 그 잔이 자기 앞으로 오기 전에 운(韻)에 맞추어 시를 짓고 즐기는 풍류놀이로 알려졌지만, 당초에는 제의(祭儀)의 하나인 계욕(禊浴)에서 비롯되었다. 계욕이란 음력 상사일(上巳日)에 동류(東流)하는 물의 신에게 제사 지내고 멱을 감음으로써 상서롭지 못한 재액을 떨어버리는 연중행사였다. 계욕을 마친 후 물가에 앉아 신에게 바쳤던 제물을 나누어 소위 음복을 하였는데, 이것을 계음이라 하였다. 그러나 진나라 명필 왕희지가 3월 삼짇날 회계(會稽)의 산음(山陰)에서 그 벗들과 함께 취흥과 시흥을 즐긴 후부터 유상곡수 연은 그 주목적인 계욕은 잃어버리고 풍류놀이의 성격을 띤 계음으로 탈바꿈해 버렸다.[92]

---

92) 네이버지식백과

〈入玉流〉 옥류천을 들어서며 김범중

존덕정에서 한숨 돌리고 산마루에 오르니

또 하나의 별천지가 은밀히 열리네.

산등성의 취규정 마중 나와 반기고

숲속 취한정은 뒤에서 환영하네.

굽이쳐 흐르는 물소리에 세상사 잊고

산새 소리 나그네 향수를 달래주네.

청산은 어디인가

여산[93]인들 이보다 아름다울 수 있으랴.

暫休尊德上高崢, 別有洞天隱密呈. 잠휴존덕상고쟁, 별유동천은밀정.

梁子聚奎先是接, 樹林翠寒背後迎. 양자취규선시접, 수림취한배후영.

潺湲曲曲忘塵事, 鳥語枝枝招故鄕. 잔원곡곡망진사, 조어지지초고성.

僻壤窮鄕何處在, 驪山怎麼勝斯嶸. 벽양궁향하처재, 여산즘마승사영.

*潺湲(잔원): 물 흐르는 소리
*僻壤窮鄕(벽양궁향): 두메산골

---

93) 중국의 강서성 구강시 남쪽에 위치한 명산으로 웅장하고 기이하기로 유명하다. 광산(匡山). 광려(匡廬)라고도 불린다. 주나라 때 광씨(匡氏) 7형제가 이곳에서 오두막을 짓고 은거한 데서 붙여진 이름이다. 네이버지식백과

옥류천 권역은 고향이 두메산골인 필자에게 향수를 불러오게 한다. 깊은 산속 좁은 골짜기에서 친구들과 어울려 산천어, 가재 잡으며 멱 감곤 했던 시절이 그리워진다. 겨울이면 소나무 가지 잘라서 팽이 만들어 얼음판에서 팽이치기하던 아련한 시절, 징검다리 섶 다리 건너고 큰 고개를 넘어 초등학교 다니던 유년 시절이 그립다. 2년 전 고등학교 졸업 51주년 기념으로 실시한 고궁 탐방 행사 때 동창생 100여 명과 함께한 후원 관람은 끝까지 가지고 갈 추억의 하나가 되었다.

청주 고교 44회 졸업 기념 고궁 방문(2022. 10. 18.)

▌취규정(聚奎亭)

취규정

　취규정은 존덕정에서 옥류천으로 가는 길목에 위치하고 있다. 마치 초등학교 시절 등·하교 시 힘들게 넘어다녔던 높은 고개를 생각나게 하는 언덕 위에 있다. 존덕정에서 후원으로 들어가다 잠시 쉬었다 가기 좋은 위치이다. 휴식과 독서 공간으로 이용되었을 것으로 추정되는 취규정은 1647년(인조 18년)에 지어졌다. 정면 3칸, 측면 1칸의 단층 팔작 기와집으로 창호나 벽은 없다. '취규'는 인재들이 모인다는 뜻으로 다음과 같은 이야기가 전해진다.

취규(聚奎)는 "별들이 규성(奎星)으로 모여든다"는 의미이다. 규성은 28수의 하나인데,「효경(孝經)」원계(援神契)에 "규성은 문장(文章)을 주관한다."라고 되어있다. 규성 주위로 다른 별들이 모여든다고 하는 것은 인재가 세상에 나와서 천하가 태평하고 도덕과 학문이 높아짐을 의미한다. 송나라 때 오성이 규성에 모이더니 현인이 많이 나타나 주염계(周濂溪)·정명도(程明道)·정이천(程伊川)과 같은 대유(大儒)가 배출되었다는 이야기가 전해온다.[94]

〈思臨聚奎亭〉 취규정에서 생각하다 김범중

밤하늘 무수한 별들이 모여 은하수를 이루듯
한낮엔 수많은 초목이 숲을 이루어 빽빽하네.
조정에는 각계각층 인재가 모여 궁궐에 가득하니
산마루에 누각 지은 뜻 이제 알겠네.

叢星成漢郁, 多樹作林稠. 총성성한욱, 다수작림조.

翹楚來充闕, 今知建玉樓. 교초래충궐, 금지건옥루.

*翹楚(교초): 잡목(雜木) 중에서 특출한 나무, 출중한 인물

---

94)『궁궐의 현판과 주련 2』 241쪽

■ 취한정(翠寒亭)

취한정

취규정을 지나 우측 숲속 오솔길을 내려가면 옥류천 안내판이 반겨주며 취한정을 먼저 안내한다. 한적한 숲길, 옅은 흙냄새와 수색이 정겹다.

취한정은 옥류천 계곡으로 들어가는 길목에 있는 정자로 창건 연대는 정확히 알 수 없으나 숙종 이전부터 독서와 휴식 공간으로 사용된 듯하다. '취한'은 '창취능한(蒼翠凌寒)', '송취한계(松翠寒溪)'와 같은 말로 "울창한 푸르름이 꿋꿋이 추위를 견디다." 또는 "푸른 소나무와 찬 개울"이라는 의미라고 한다. 중국 송나라 효종(孝宗, 1127~11940)이

대궐 안에 취한당(翠寒堂)을 짓고 대신들과 정무를 처리했다고 한다.

옥류천 안내도

취한정에 관한 숙종의 「취한정제영(翠寒亭題詠)」이란 시가 『궁궐지』에 전해진다.

‹翠寒亭題詠[95]› 취한정제영 숙종(1661~1720)

녹음방초는 참으로 감상할 만하고

난간 밖에 오래도록 폭포 소리 들리도다.

---

95) 『궁궐지 1』, 151쪽, 64쪽

소낙비 막 지나고 바람이 잠시 멎었는데
정원 속의 잎마다 매미 소리 들린다.
빽빽이 솟아나서 온통 정자를 두르니
눈보라 추위 이겨 빛이 더욱 밝도다.
사랑스러울 손 너 홀로 군자의 절개 지녀
평탄하든 험하든 변함없이 한마음으로 곧구나.

綠陰芳草政堪賞, 檻外長留瀑布聲. 녹음방초정감상, 함외장류폭포성.
驟雨纔過風暫歇, 園中葉葉聽蟬鳴. 취우재과풍잠헐, 원중엽엽청선명.
森森簇簇總環亭, 冒雪凌寒色愈情. 삼삼족족총환정, 모설능한색유정.
愛爾獨持君子節, 不渝夷險一心貞. 애이독지군자절, 불유이험일심정.

옥류천 입구에 위치한 취한정은 소요하던 왕이 어정(御井)의 약수를
든 후 귀로에 잠깐 쉬어 갈 수 있는 곳으로 건립되었다고 한다. 정면 3
칸, 측면 1칸의 팔작지붕으로 바닥에 마루를 깔고 난간을 둘렀으며, 4
각 기둥에 주련이 쓰여있다. 처마는 홑처마이며 단청했다. 「동궐도」에
보이는 취한정은 3면에 벽을 치고 창문을 달았으나 지금은 모두 개방
된 정자의 모습이다.

〈翠寒樹色〉 취한정 수색 김범중

뒤쪽의 계곡 물소리 아득한데
숲속의 산새 소리는 요란하네.
기둥에 기대어 먼 산 바라보니
여름 수색이 내 마음 푸르게 하네.

後面颯颯遠, 林中嘎嘎嘌. 후면풍풍원, 임중알알녕.
倚杆看北嶺, 樹色染心靑. 의간간북령, 수색염심청.

〈翠寒亭〉 취한정 김범중

숲속의 오색 정자 아름다운데
기둥의 주련은 해독이 어렵네.
활짝 웃으며 오는 손님 반기는데
색동옷은 누가 입혔는가.

林中亭閣秀, 支柱句文難. 임중정각수, 지주구문난.
帶笑迎賓客, 誰衣彩褲襠. 대소영빈객, 수의채고단.

■ 소요정(逍遙亭)

옥류천 구역의 정자 중 가장 절묘한 위치에 있는 정자가 소요정(逍遙亭)이다. 옥류천 폭포를 지척에서 바라볼 수 있을 뿐 아니라 태극정과 청의정이 창출하는 경관도 함께 감상할 수 있기 때문이다. 이곳에서 임금과 신하가 함께 즐긴 유상곡수연 놀이는 후세에 태평성대의 상징이 되었고 그 중심에 소요정이 있다.

> '소요'란 "구속 없이 천천히 거닐다."라는 의미이다. 임금이 때로는 정무를 잊고 천천히 거닐며 해방된다는 의미를 담고 있다. 『장자』의 「소유요(逍遙遊)」에서 유래한 말인데, 순임금이 선권(善卷)에게 천하를 양위하려 하자 "나는 해가 뜨면 일어나고 해가 지면 쉬면서, 천지 사이에서 천천히 노닐며 마음에 품은 바를 즐기겠다고 대답했다."라고 한다.[96]

『궁궐지』[97]에 따르면 인조 14년(1636)에 이 정자를 세우고 탄서정(歎逝亭)이라 했다가 후에 소요정으로 개명했다. 숙종은 "옥류천 변의 소요정·청의정·태극정을 상림삼정(上林三亭)이라"[98] 칭했는데 소요정이 그중 중심 정자라고 할 수 있다.

---

96) 『궁궐의 현판과 주련 2』, 249쪽
97) 『궁궐지 1』, 66쪽: 初號歎逝亭後改名
98) 『궁궐지 1』, 66쪽: 三亭後背崇山前臨玉流太極淸漪逍遙是

소요정

탄서(歎逝)는 중국 진(晉)나라 육기(陸機, 261~303)가 나이 사십에 친구들 대부분 세상을 떠난 허전함을 비탄조로 읊은 「탄서부(歎逝賦)」에서 유래된 것이다.

내용 중 "슬프다. 강물은 온갖 물줄기를 모아 큰 흐름을 이루는데 그 물줄기는 날마다 도도하게 흘러가고, 세상은 온갖 사람들을 겪으면서 한 세대씩 이루는데 그 사람들은 하나둘씩 늙어서 사라지는도다(… 悲 夫 川閱水以成川 水滔滔而日度 世閱人而爲世 …)."라는 구절이 있다.[99]

정조는 정자 이름을 소요정으로 정한 이유를 「소요정기(逍遙亭記)」

---

99) 네이버지식백과

에서 이렇게 밝히고 있다.

> 정자를 '소요'로 이름한 것은 마음과 땅이 서로 잘 만난 때문이다. 마음에 물(物)이 없는 사람은 능히 물(物)에 소요할 수가 있다. 그러나 그런 땅을 얻지 못하면 아무리 소요하고자 하여도 할 수가 없는 것이다. 그러니 마음으로 즐기는 것이 여기에 있지 않으면 비록 그런 땅이 있더라도 어떻게 소요할 수 있겠는가? 지경(地境)이 마음과 더불어 함께 광활하고, 물(物)이 사람과 더불어 서로 잘 어울려서, 하늘과 땅 사이에 다시 어떤 사물이 내 마음의 즐거움을 옮길 수 있을지 알지 못하게 되니 이것이 바로 소요정이 소요라는 명칭을 얻게 된 까닭인 것이다.[100]

당시 이곳에 자주 들러 휴식을 취했던 정조는 신하들에게 말하되, 궐내에 소요정을 지은 뜻은 단순히 경관을 감상하면서 편히 쉬고자한 것이 아니라, 그것이 공묵(恭默: 공손하고 말이 없음)의 정사(政事)에 도움이 많기 때문이라고 했다. 그리고 후에 이 정자를 수리하게 되더라도 원래의 뜻을 잘 알아서 예전 경관을 훼손하는 일이 없도록 하라고 했다.

정조의 상림십경 중 소요정의 경치를 읊은 시 「소요유상(逍遙流觴)」이 전한다.

---

100) 『궁궐지 1』, 153쪽, 64쪽

〈逍遙流觴[101]〉 소요유상   정조(1752~1800)

옥 씻은 듯한 푸른 물 굽이굽이 길게 흐르고
난산 곁의 산색은 초가을 서늘함을 보내네.
다리 위에서 물고기를 보는 낙이 있으니
난정의 술잔을 대신할 만하다.

漱玉淸流曲曲長, 近欄山色納新凉. 수옥청류곡곡장, 근난산색납신량.
濠梁自有觀魚樂, 可但蘭亭遞羽觴. 호량자유관어낙, 가단난정체우상.

〈朝逍遙〉   소요정의 아침 풍광   김범중

실개천 정자를 휘돌아 굽이굽이 이어지고
옥수는 암벽 사이 가늘게 돌아 흐르네.
나무 사이 그윽한 아침 햇살 눈부시고
숲속의 산새 소리 계곡의 아침을 깨우네.
선경에 취한 구름도 머물러 바라보고
끝없이 흐르는 폭포수 다시 모여 흐르네.
구중궁궐에 아름다운 누각 많다지만

---

101) 『궁궐지 1』, 152쪽, 64쪽

난정[102]인들 어찌 소요정을 따라갈 수 있으랴.

小溪繞閣曲彎連, 玉水隔巖纖細旋. 소계요각곡만연, 옥수격암섬세선.

曉旭枝間輝耀眼, 朝咬林裏覺朝岍. 효욱지간휘요안, 조교임리각조견.

彩雲有醉孤俯瞰, 白瀑無端相會澶. 채운유취고부감, 백폭무단상회전.

九重深宮華閣大, 蘭亭何以可隨枅. 구중심궁화합대, 난정하이가수견.

*난정(蘭亭): 진나라 왕희지(王羲之)가 지은 정자로 이곳에서 유상곡수연을 열고 「난정집서(蘭亭集序)」를 지었다고 한다. 「난정집서(蘭亭集序)」 또는 「난정서(蘭亭序)」는 왕희지가 쓴 산문으로 「삼월삼일난정시서(三月三日蘭亭詩序)」라고도 한다. 353년(東晉 永和 9년) 3월 3일에 사안(謝安)·지둔(支遁) 등 41인이 회계산(會稽山) 양란저(陽蘭渚)의 정자에 모여서 제를 올리고 술을 마시며 시를 지었는데, 기사(記事)와 영회(詠懷)를 모아 문집을 만들고 왕희지가 시를 지었다(두산백과).

〈逍遙曲水〉 소요정 곡수 김범중

어젯밤 내린 비 감로주 되어 흐르고
숲속의 여름꽃 방긋이 바라보네.
친구 불러 곡수연 하고 싶건만
함께 띄울 술잔이 없네.

---

102) 중국 절강성(浙江省) 소흥현(紹興縣) 서남쪽에 있는 정자 이름으로, 진나라 왕희(王羲之)가 지었다고 한다. 『한국고전용어사전』

夜雨爲甘酒, 一朶樹中望. 야우위감주, 일타수중망.

招親希水宴, 沒有泛交觴. 초친희수연, 몰유범교상.

옥류천 폭포

〈望瀑布〉 폭포를 바라보며 김범중

구천에서 떨어지는 요란한 폭포수

반석에 부딪혀 옥구슬 되어 흩어지네.

몸은 구름 되어 봉래산에 머무는데

속세의 욕심은 어찌하여 끝이 없는지.

九泉落水震天洹, 珠子降巖分散殫. 구천낙수진천환, 주자강암분산탄.

玉體如雲留蓬壺, 紅塵三業柰無端. 옥체여운류봉호, 홍진삼업내무단.

*蓬壺(봉호): 전설에서 신선이 산다는 봉래산의 다른 이름. 신선이 살았다는
삼신산(三神山)의 하나로 그 모양이 모두 병과 비슷해서 삼신산을 삼호(三
壺)라고도 한다.
*三業(삼업): 탐욕. 분노. 우치(愚痴)의 세 가지 죄업(불교)

■ 청의정(清漪亭)

청의정

청의정(清漪亭)은 태극정 서쪽 사각 논 가에 있는 정자로 인조 14년

(1636년)에 주변의 태극정, 소요정과 함께 건립되었다. 옥류천의 가장 북쪽에 있는 정자로 창덕궁 후원에서 유일하게 이은 초가지붕이 정겹다. 정자의 가구(架構)가 특이하다. 지붕이 둥글고 바닥이 네모난 것은 천원지방의 원리를 형상화한 것이고, 기둥이 네 개인 것은 사상(四象)을 상징한 것이다. 또한 도리를 여덟 개 설치한 것은 팔괘(八卦)를 형상화한 것이라 한다. 그 형체가 둥글고 네모난 것이 겹쳐져 서로 감싸 안고 있으니, 양 가운데 음이 있고 음 가운데 양이 있어 마치 주자(周子)가 만든 「태극도(太極圖)」와 비슷한 모습을 보이고 있다. '청의(淸漪)'는 '맑은 물결' 또는 '물이 맑다.'라는 의미라고 한다. 「동궐도」에는 장방형 연못 북쪽에 청의정이 놓여있고 돌다리를 둔 모습이다. 정자의 이름에서 알 수 있듯이 청의정 앞 논은 원래 맑은 물이 있는 연못이었던 듯하다.

최근 해마다 모내기 철이 되면 청의정 앞에 조성된 작은 논에 모를 심는다. 궁궐 안에 조성된 소규모 논에 모내기를 한 예는 경복궁의 역사에서도 찾아볼 수 있다. 경복궁이 임진왜란으로 전소되기 전까지 향원지 부근에 취로정(翠露亭)이라는 정자가 있었는데 정자 옆에 소규모 논에서 관가(觀稼, 모심기)를 할 때 왕이 친히 관람하면서 위로하는 권농의식 행사를 했던 사실이 『세조실록(世祖實錄)』[103]에 기록되어 있다. 농사가 근본인 나라에서 임금이 농사를 체험해 봄으로써 백성의 수고로움을 조금이나마 느껴본다는 절대군주의 백성 사랑을 엿볼 수 있다.

---

103) 『세조실록 16권』 1459년(세조 5년 4월 22일): 兩殿御翠露亭觀稼

청의정의 가을

〈淸漪景〉 청의정 풍광 김범중

옥류천 깊은 곳 초가 정자

사각기둥 둥근 지붕 정겹네.

한여름 푸른 하늘에 꽃구름 피어나고

입추 지난 나뭇잎 붉게 물드네.

허수아비 보이지 않고 산새 소리 요란한데

사각의 논에 벼 이삭은 무심히 익어 가네.

향수에 젖은 시골 노인 갈 길 멀었는데

석양의 벌레 소리 나그네 발걸음 붙잡네.

玉流幽處一茅亭, 圓頂角橕親熟情. 옥류유처일모정, 원정각탱친숙정.

大暑靑天雩漫漫, 立秋林裏葉楨楨. 대서청천문만만, 입추임리엽정정.

無姿木偶鳥鳴吵, 有面水田禾穎傾. 무자목우조명초, 유면수전화영경.

村老醉鄕留遠路, 蟲聲日暮阻行程. 촌노취향류원로, 충성일모조행정.

〈臨淸漪〉 청의정에서 김범중

천고마비 계절 산새 소리 즐겁고

나뭇가지 붉은 열매 풍요를 말하네.

자고로 농사는 나라를 다스리는 근본이었으니

임금님 권농 역시 하늘의 뜻에 따르는 것이었으리.

天高馬胖鳥聲嘻, 枝果火紅言穠祁. 천고마반조성희, 지과화홍언황기.

自古耕田元治國, 勸農君主順天思. 자고경전원치국, 권농군주순천사.

▌ 태극정(太極亭)

　태극정(太極亭)은 옥류천 안쪽 청의정의 동편에 있는 정자이다. 정면 측면 각 1칸의 사모기와 지붕을 이은 소규모 정자이다. 안정감을 주는 아(亞) 자 모양의 살로 짜인 평난간, 맑고 깨끗한 화강석 축대, 주변 공간과 조화를 이룬 적정한 규모 등이 태극정의 특징이다. 태극정은 사방 한 칸 규모인데 「동궐도」에 보이는 모습은 남쪽은 분합문을 댄 모습이고, 동쪽은 벽을 치고 광창을 달았다. 지금은 모두 문이 제거되고 사면이 개방되어 있다. 다른 정자에 비해 기단을 높여서 3단의 장대석 기단 위에 다시 낮은 단을 두르고 건물을 세웠다.

태극정

1636년(인조 14년)에 소요정(逍遙亭)과 함께 세워진 이 정자의 창건 당시 이름은 "운영정(雲影亭)이었다".[104] '운영(雲影)'은 물에 비친 구름을 뜻한다. 운영은 천광(天光)과 대구(對句)를 이루는 경우가 많은데, 그것은 중국 남송의 유학자 주자(朱子, 1130~1200)의 시 「관서유감(觀書有感)」의 한 구절인 "천광운영공배회(天光雲影共徘徊)"에서 유래되었다. 이 시에서 맑은 물 위에 비친 구름은 사물의 본성을 비춰주는 가형(假形)으로 묘사되었다.

〈觀書有感[105]〉 책을 보고 감흥을 느끼다 주희(1130~1200)

조그마한 연못은 거울 같아서
하늘빛과 구름이 함께 노닌다.
문컨데 어찌하여 그리 맑은고
끝없이 샘물이 솟아 그렇더란다.

半畝方塘一鑑開, 天光雲影共徘徊. 반무방당일감개, 천광운영공배회.
問渠那得淸如許, 爲有原頭活水來. 문거나득청여허, 위유원두활수래.

---

104) 『궁궐지 1』, 156쪽, 66쪽: 舊號雲影亭後改今名
105) 네이버지식백과

'태극(太極)'은 태초의 혼돈(混沌)한 원기(元氣)를 의미한다. 『주역(周易)』 「계사상전(繫辭上傳)」에 "역(易)에는 태극이 있어, 이것이 양의(兩儀)를 낳고, 양의는 사상(四象)을 낳으며, 사상은 팔괘를 낳는다."라고 하였다. 당나라 학자인 공영달(孔穎達, 574~648)은 이를 풀이한 소(疎)에서 "태극은 천지가 분화되기 전 원기가 섞이어 하나인 것이니, 바로 태초이며 태일이다."라고 하였다.[106]

한편 태극은 우주 만물의 근원이 되는 실체, 또는 하늘과 땅이 분리되기 이전의 세상 만물의 원시 상태 등으로 설명될 수 있다. 태극은 음양 사상과 결합해 만물을 생성시키는 우주의 근원이다. 도가의 무극(無極)이 천(天)의 도(道)임에 대하여 유가에서 말하는 태극은 사람의 도라 할 수 있다. 천도를 주장하는 도가는 허무의 세계로 복귀하려는 것이지만, 인도를 주장하는 유가는 태극의 원리로 인의(仁義)의 세계를 건설하려는 것이었다고 한다. 그러므로 태극정이라는 정자 이름에는 인의가 충만된 유교적 이상 사회를 건설하려는 당시 어의(御意)가 투영되어 있다고 볼 수 있다.

---

106) 『궁궐의 현판과 주련 2』, 252쪽

<태극정 주련>

창밖의 운무는 옷 위에서 피어오르고
휘장을 걷자 산천이 거울 속으로 들어오네.
꽃 속이라 주렴 창밖에 비 개자 제비 날고
버들 곁이라 누각에선 새벽녘에 꾀꼬리 소리 들리네.

隔窓雲霧生衣上 捲幔山川入鏡中 격창운무생의상 권만산천입경중

花裏簾櫳晴放燕 柳變樓閣曉聞鶯 화리염롱청방연 유변누각효문앵

<太極亭> 태극정 김범중

정자 앞 실개천 끝없이 흐르고
심산의 한 마리 꾀꼬리 즐겁게 노래하네.
오색 정자 비단을 두른 듯 아름답고
네 기둥 주련의 시문은 시대를 넘어 통하네.

亭前澗水不端流, 丘壑深山鶯鳥謳. 정전간수부단류, 구학심산앵조구.

青屋紅檐如繞錦, 玉聯四柱越時留. 청옥홍첨여요금, 옥련사주월시류.

〈臨太極亭〉 태극정에서 김범중

흰 구름 높은 영봉을 휘감아 급히 지나는데
숲속 협곡의 옥수는 한가롭게 노래하며 흐르네.
정자의 기둥과 지붕에 인의가 배어있으니
태극마크 없어도 어찌 우리 임금님 마음 모르리.

高峯峻嶺白雲駸, 峽谷林中玉水吟. 고봉준령백운침, 협곡임중옥수음.
赤柱灰甍含仁義, 無徽何以惑天心. 적주회맹함인의, 무휘하이혹천심.

▌ 농산정(籠山亭)

소요정 맞은편 숲을 등지고 있는 농산정(籠山亭)은 온돌방과 마루를
갖추었다. 옥류천에서 밤을 지낼 수 있는 유일한 정자이다. 정면 다섯
칸, 측면 한 칸에 남쪽 마루 두 칸, 온돌방 두 칸, 북쪽 끝에 아궁이를
갖춘 모습이다. 조선 후기 궁궐 내 일반적인 행랑 구조이다. 농산정이
지어진 연대는 정확히 알 수 없으나 정조가 이곳에서 "재계하며 밤을
지냈다."[107]는 기록이 있는 것으로 보아 정조대 이전에 지어진 듯하다.

---

107) 『정조실록 37권』 1793년(정조 17년 3월 18일): 齋宿于北苑籠山亭

농산정

농산정은 왕이 신하들과 함께 자주 들렀던 정자 중 하나였다. 정조
는 종종 재숙[108]하는 장소로 농산정을 사용하였다. 순조는 이곳에서
대궐 안에 입직한 음관의 응제(應製, 임금의 특명에 의하여 시문을 짓는
일)를 행하기도 했고, 성균관 유생의 응강(應講)을 행하기도 했다. 이
처럼 농산정은 옥류천의 다른 정자와는 다소 다른 기능을 수행했던
정자였다.

108) 齋宿, 임금이 나라의 제사를 행할 때 그 전날 밤에 친히 재궁(齋宮)에 나와 묵으면서
    재계(齋戒)하던 일

⟨籠山亭日沒⟩ 농산정 일몰 김범중

한나절 해 서산에 반쯤 걸쳐 넘어가고
실개천 물소리도 점차 잦아지네.
숲속의 산새들 제집 찾아 들어가니
오늘 밤 예서 시 한 수 지으며 묵고 싶어라.

日陽西嶺半披朧, 瀝瀝細川如漸終. 일양서령반피롱, 역역세천여점종.
野鳥林中飛入穴, 作詩此處欲迎曨. 야조임중비입혈, 작시차처욕영농.

⟨離籠山亭⟩ 농산정을 떠나며 김범중

첩첩 산자락 속세를 잊으라 하는데
암반 폭포 낙수는 끝없이 이어지네.
먼 길 서둘지 않고 천천히 가노라면
인생길도 스스로 꽃길이 열리리.

千山萬壑語忘塵, 玉水巖盤無限磷. 천산만학어망진, 옥수암반무한린.
不趕時間行遠路, 人生旅道自開彬. 부간시간행원로, 인생여도자개빈.

4.
맺음말

2022년 7월 『춘당사계(春塘四季)』 출간 후 필자는 창경궁의 계절별 수목의 변화를 한시로 쓰기로 하고 『춘당사계 2』란 제목으로 집필 준비를 하고 있었다. 그러나 창덕궁의 전각과 자연에 점차 매료되어 당초 목표를 바꿔 창덕궁과 후원에 대한 글을 먼저 쓰기로 했다. 우선 빼어난 비경으로 명성이 널리 알려진 후원부터 시작하기로 하고, 수집된 자료를 탐독하며 수차례 후원을 답사하며 원고의 작성을 구성하였다. 자료나 책에서 읽은 후원에 얽힌 이야기나 계곡과 연못에 숨겨진 비경과 수려한 풍광이 점차 필자를 매료시켰다.

후원은 응봉에서 뻗어 내려온 계곡과 연못을 중심으로 4개의 권역, 즉 부용지(芙蓉池)·애련지(愛蓮池)·관람지(觀覽池)·옥류천(玉流川) 권역 등으로 나누어진다. 각 권역에는 자연이 만들어낸 빼어난 경관과 함께, 정각이나 연못의 유래에 관한 임금님의 유교적인 사유, 정각에 대해 지은 어제시, 정자의 기둥에 새겨진 주련에서 풍겨오는 문향 등이 배어있다. 특히 부용정이나 청의정, 태극정은 정자의 구조에 상징적 의미가 부여되어 있는가 하면, 소요정을 통해 임금의 정치관이나

애민 사상을 엿볼 수 있다.

창덕궁 후원에는 많은 연못이 있다. 그중 부용지와 애련지는 방지도 원형 연못이다. 방지도원형 연못은 천원지방(天圓地方)이라는 동양 고래의 우주관 내지 자연관과 관련되어 있다. 즉 '하늘은 둥글고 땅은 네모나다.'라는 의미로, 이는 우주 만물의 존재와 운행의 원리를 함축적으로 드러내는 말이라고 한다. 연못의 조성에 자연의 섭리를 적용한 듯하다.

후원은 관람 동선에 따라 부용지 권역에서 옥류천까지 들어가면 마치 도시에서 점차 산골로 들어가는 느낌을 받는다. 임금이 신하와 어울려 유상곡수(流觴曲水) 풍류를 즐겼다는 옥류천은 필자가 유년 시절을 보냈던 고향 산골과 너무도 흡사해 짙은 향수를 느끼곤 했다.

각 권역에서 뿜어 나오는 자연의 정취와 정각(亭閣)에 얽혀있는 사연, 주련(柱聯)에 배어있는 문향(文香)에 도취되었으나 이를 시문으로 표현하기엔 필자의 필력이 부족함을 절감해야 했다.

필자는 창경궁 재직 시 양궁의 연계문인 함양문에서 근무했기 때문에 창덕궁 대부분의 전각이 익숙하다. 전각 부분은 『춘당사계(春塘四季)』에서 한 번 다루었기 때문에 여기서는 주요 부분만 대상으로 삼았으며, 주로 후원에 많은 부분을 할애했다. 이것은 앞으로 경복궁에 관한 글도 염두에 두고 생각한 것이다. 전각은 정전으로 들어가는 삼문(三門), 인정전. 대조전 등 주요 내·외전, 동궁의 중심 전각인 성정각, 조선 왕실의 최후 거처였던 낙선재를 중심으로 집필하였다. 창덕궁이 조선왕조의 실질적인 법궁 역할을 했던 만큼 인조반정 등 큰직한 역사적인 사건이 일어났으며, 허망하게 나라가 일제에 넘어가는 과정을 지켜본 전각들의 모습이 처연해 보였다. 특히 을사보호조약 체결 당시 대조전에서 옥새를 치마폭에 감추었던 순정효황후(純貞孝皇后, 1894~1966)는 대조전에 피어난 한 떨기 꽃이었다. 낙선재(樂善齋)는 그 이름이 뜻하는 바와 정반대로 일제의 강압에 의해 정략결혼을 하며 굴욕적인 생활을 해야 했던 덕혜옹주, 이방자 여사 등 조선 마지막 왕실 가족의 가슴 아픈 사연이 아직도 건물마다 배어나는 듯하다.

이 책의 본문은 한시를 쓰기 위한 정보 제공의 의미이므로 학술적 검토가 충분하지 않았음을 고백한다. 그러나 사료의 객관성 확보를 위해 가급적 『조선왕조실록(朝鮮王朝實錄)』이나 『궁궐지(宮闕志)』, 문화재청에서 발간된 자료 등을 참고하였으며, 부득이한 경우 관련 서적이나 인터넷에서 검색하여 인용하였다. 사진은 주로 필자가 직접 촬영했으나 나이가 들면서 세월을 따라가지 못한 아쉬움이 남는다. 특히 봄에 꽃이 피고 지는 속도를 제때에 따라가지 못했고, 옥류천 설경을 촬영하지 못한 아쉬움이 남는다.

돌이켜 보니 창경궁을 퇴직하기 전에 원고를 마무리하고자 참으로 바쁜 일정을 보냈다. 나름대로 조그만 성취감을 느껴보지만 아름다운 자연과 유구한 사연이 배어있는 후원과 전각에 대해 필자의 지식 부족과 감성 부족을 절실히 느낀다. 독자 여러분의 혜량을 바란다. 이 책이 나오기까지 도와주신 모든 분에게 다시 한번 감사드리며 창덕궁과 후원의 무궁한 발전을 기원한다.

못난 사람 만나 평생 고생한 아내에게 이 책을 드린다.

창덕궁 후원에 매화꽃 피고 지고

펴 낸 날 2024년 5월 31일

지 은 이 김범중
펴 낸 이 이기성
기획편집 윤가영, 이지희, 서해주
표지디자인 윤가영
책임마케팅 강보현, 김성욱
펴 낸 곳 도서출판 생각나눔
출판등록 제 2018-000288호
주   소 경기도 고양시 덕양구 청초로 66, 덕은리버워크 B동 1708, 1709호
전   화 02-325-5100
팩   스 02-325-5101
홈페이지 www.생각나눔.kr
이 메 일 bookmain@think-book.com

• 책값은 표지 뒷면에 표기되어 있습니다.
  ISBN   979-11-7048-712-8(03910)